华夏智库
金牌培训师
书系

走出融资的误区

——如何在融资丛林中不迷失——

坚 鹏 著

中国财富出版社

图书在版编目（CIP）数据

走出融资的误区：如何在融资丛林中不迷失 / 坚鹏著 . —北京：中国财富出版社，2013. 11

（华夏智库 · 金牌培训师书系）

ISBN 978 - 7 - 5047 - 4967 - 3

Ⅰ. ①走… Ⅱ. ①坚… Ⅲ. ①企业融资—基本知识—中国 Ⅳ. ①F279. 23

中国版本图书馆 CIP 数据核字（2013）第 250949 号

策划编辑 范虹轶　　**责任印制** 方朋远
责任编辑 丰　虹　　**责任校对** 饶莉莉

出版发行 中国财富出版社（原中国物资出版社）
社　　址 北京市丰台区南四环西路 188 号 5 区 20 楼　　**邮政编码** 100070
电　　话 010 - 52227568（发行部）　010 - 52227588 转 307（总编室）
010 - 68589540（读者服务部）　010 - 52227588 转 305（质检部）
网　　址 http：//www. cfpress. com. cn
经　　销 新华书店
印　　刷 三河市西华印务有限公司
书　　号 ISBN 978 - 7 - 5047 - 4967 - 3/F · 2035
开　　本 710mm × 1092mm　1/16　　**版　　次** 2013 年 11 月第 1 版
印　　张 12. 5　　**印　　次** 2013 年 11 月第 1 次印刷
字　　数 157 千字　　**定　　价** 32. 00 元

前 言

企业融资，走出融资的误区

企业的发展，是一个融资—发展—再融资—再发展的过程。一般来说，企业都要经过产品经营阶段、品牌经营阶段和资本运营阶段。

在行业竞争激烈的今天，为了企业的长足发展，很多企业都会采取融资的方式筹措资金。

有的企业之所以要融资，主要是为了创建公司。任何公司的设立都是以充分的资金准备为基本前提的，要想成立公司首先必须筹集资本金，进行公司的设立、登记，然后才能开展正常的生产经营活动。

有的企业之所以要融资，是为了满足公司发展的需要。公司要想生存下来，必须不断发展壮大，不断扩大生产经营规模，不断更新设备和进行技术改造，合理调整企业的生产经营结构。无论是扩大生产经营规模，还是进行技术改造，都需要进行资金筹集。

有的企业之所以要融资是为了偿还债务。这些企业为了获得杠杆收益往往会进行负债经营，当债务到期时，为了还清债务，公司必须通过一定的方式筹集资金。

有的企业之所以要融资，主要是为了适应外部环境的变化。公司的生存和发展是以一定的外部环境为条件的，外部环境对公司筹集资金有着重要的影响。外部环境的每一个变化都会影响到公司的生产和经营，公司必须筹集足够的资金来满足自身对资金的需求。

……

随着现代企业自身的不断发展，企业与社会专业机构协作，解决企业自身问题的现象越来越普遍。可是，很多企业却陷入了融资的误区，放慢了自己融资的脚步。很多企业并没有意识到问题的严重性，即使有些企业意识到了也没有找到切实可行的方法。为了给各企业提供便利，我们便编写了这本书。

本书主要介绍了融资的误区，比如创新企业融资的误区、民营企业融资的误区、国有企业融资的误区、中小企业融资的误区等。这些误区的着眼点典型、实用，适合每一位企业家阅读，更适合初创企业的创业者阅读。

思维的高度决定融资的难易程度，融资难、融不到资是因为你走入了融资误区。融资是一个费心、费力的工作，企业家一定要对书中涉及的一些融资误区加以重视，否则会让自己事倍功半！

本书能在较短的时间内出版，真诚感谢秦富洋、方光华、陈德云、刘星、曾庆学、李志起、杨勇、李高朋、孙汗青、陈春东、张旭婧、王京刚、陈宁华、王军生、辛海、蒋志操、王咏等人在制图、文字修改以及图书推广宣传方面的协助。

作　者

2013 年 9 月

目录

Contents

第一章

新创企业融资误区

——妄自菲薄与过度幻想

作为新出现的企业，为了未来的发展，有些会走上融资之路。可是在这个过程中，很多新创企业却陷入了融资的误区：

有的企业认为，在说服投资者进行投资的时候，将讲述的重点放在了地域扩张上；

有的企业估算融资额度的时候，过低地估计了资金的需求；

有的企业经常会陷入作价的误区，将企业的作价定得过高……

不可否认，这些误区都会给融资结果造成重要的影响。

因此，新创企业一定不能妄自菲薄，要放弃过度的幻想，多想想自己能为投资者带来什么。

误区一
说服投资者进行投资的误区：把重点放在地域扩张

星巴克是美国著名的连锁咖啡公司，1971 年成立，是全球最大的咖啡连锁店，其总部坐落在美国华盛顿州西雅图市。

1987 年 8 月，舒尔茨正式收购了星巴克。到了 2006 年年底，星巴克从西雅图一条小小的“美人鱼”进化成了一个“绿巨人”，已经出现在了北美洲、拉丁美洲、欧洲、中东和环太平洋地区的 37 个国家和地区，一共有上万家连锁店。

2000 年，星巴克之父哈沃德·舒尔茨辞去 CEO 职务，继续担任董事局主席及全球战略发展决策人。舒尔茨希望星巴克能保持 20% 的全球年销售额增长率，达到最终开设 4 万家分店的目标，其中一半要设在北美市场。

不可否认，这是一个非常具有野心的挑战，事实证明，星巴克通过扩张让自己获得了成功。可是，在投资者眼里，这种增长途径并不是非常有效的。投资者评估融资计划的第一个环节，是让创业者讲述自己的创业构想，然后自己再对商机的大小进行评价。在这个环节，投资者最终选择的一般都是那些具有较高增长潜力的业务。

可是，在向投资者论证自己的增长潜力时，许多企业都把重点放在了地域扩张上。当企业发展到一定程度时，不仅要走多元化道路扩大经营之外，通常还会寻求新的区域市场。

华平投资集团

融资小知识

这是一家全球领先的私募股权投资公司，专注于增长型投资。华平总部位于纽约，在阿姆斯特丹、北京、法兰克福、中国香港、伦敦、卢森堡、毛里求斯、孟买、旧金山、圣保罗和上海设有分支机构。华平管理着300多亿美元的资产，目前投资于125家企业，涵盖各行各业，遍布全球各地。华平推动了美国私募股权行业的兴起，并且一直是全球私募股权投资业的先驱，在中国、印度、新兴欧洲国家和巴西等新兴市场经济体更是硕果累累。

JAMDAT公司位于美国，是一家专注于移动游戏的公司。在竞争对手都忙着海外扩张的时候，JAMDAT却坚持在本土成长，它们把增长重点放在了自身的内容开发能力上。随着游戏开发队伍的不断成长，公司最终建立了可持续的竞争优势。截至2003年年底，JAMDAT获得了约占同期全球移动游戏公司总融资额的一半的融资。

JAMDAT的例子告诉我们，投资者真正青睐的东西是建立在竞争优势或竞争壁垒之上的增长前景。投资者熟悉投资的路子，它们选择公司的时候，不仅会查看公司目前的发展速度，更看重公司的利润空间和发展前景。

像我国绝大多数B2C公司一样，**京东商城**一直在亏损，可就是这样一家企业却得到了巨额的融资。

从2004年创立起直到今天，京东的发展速度都让业内同行望尘莫及。从2004年到2008年，它的年销售额分别是1000万元、3000万元、8000万元、3.6亿元和13.2亿元，到了2010年这数字变成了102亿元……可是，在这个令人震撼的增长率背后却是京东的零利润。

但是，就是在这样的事实面前，2013年2月16日京东商城依然成功完成了新一轮的普通股股权融资——约7亿美元，这是京东的第5次融资。

前后计算起来，京东商城一共融得了23亿美元的资金，融资后京东商城的估值为72.5亿美元。有了钱未必行，但是没有钱却万万不行！资料显示，京东账户上已经拥有超过150亿元的现金储备。

面对这样一个只会烧钱却没有任何赢利的电商，投资者们为什么会频频抛出橄榄枝？京东是靠什么来抓住投资者的心的？

国内外风投资本对外投资的时候，主要看中的是企业的成长性与安全性。事实证明，京东商城的发展模式与产业政策都已经成功实现了对接，虽然电商大战也给其发展带来了一些负面影响，可是由于京东公司承诺所售商品100%为正品行货、全国联保、机打发票、价格更实惠，出现了支持货到付款、送货上门及POS机刷卡等一系列便利服务。这些方式都代表了未来商务活动的目标与发展模式，这才是投资者最为看重的。

在我国的电子商务领域，京东是一家具有潜力与拓展性的公司，之所以能够吸引国内外风投资本的加盟，不仅离不开市场环境、政策变化的影响，也是产业方向广阔等诸多因素共同作用的结果。风投项目的营利性，是投资者看重的点；而且如果京东能够成功上市，对于资本投资公司来说，存在较大的市场机会和投资回报。

无独有偶。**红星美凯龙**是我国家居流通业的领军品牌，截至2012年6月30日，已经在全国80多座城市开办了109家商场。2010年，在全国市场“跑马圈地”的红星美凯龙，再次从资本市场上获得巨额资金支持。

2010年6月19日，红星美凯龙获得华平投资集团、中信产业基金、复星集团、渤海产业基金等联合注资26亿元人民币。经过浙西注资，红星美凯龙总体融资规模达到了约38亿元，这是当时我国家居连锁行业最大的一笔私募融资。

这次融资，不仅有利于红星美凯龙加快开设新门店的步伐，还能够加速其上市计划。红星美凯龙的管理者说，争取在2020年全国门店数达到200家，并跻身世界500强。

基金组织

融资小知识

也就是假股暗贷。所谓假股暗贷，就是投资方以入股的方式对项目进行投资，可是并不会参与到项目的管理中。到了一定的时间，投资方就会从项目中撤股。这种方式，绝大多数都是国外基金使用的，不仅操作周期较长，而且还会改变公司的股东结构甚至要改变公司的性质。由于国外基金比较多，所以如果用这种方式投资，国内公司的性质就要改为中外合资。

红星美凯龙创建于1986年，是我国规模最大的连锁家居大卖场。最近几年，红星美凯龙的业绩每年都在以20%以上的速度增长，目前年营业额已经超过313亿元。资料显示，无论是店面数量，还是营业面积和营业收入，红星美凯龙的各项指标都居于家居行业首位。在其66家门店中，有60%以上是自营门店，其他的则是加盟店；公司总部对连锁店有着绝对的掌控权。

华平投资集团是最早投资我国的国际基金之一，在1995年就在我国建立了自己的专业队伍，积极投资具有高成长潜力的公司和行业领导者。与一般的PE公司不一样的是，华平更看重企业的成长性，并不在意对公司的控制。

这次注资红星美凯龙的四大投资基金中，除华平投资外，其他三家都是第一次介入家居行业。在这之前，中信产业投资基金绝大多数都是将目光瞄向金融、消费、原材料和机械制造领域；复星集团主要将自己的投资投向医药、房地产开发、钢铁、矿业和零售服务业；渤海产业投资基金则擅长在钢铁器材、金融、汽车等领域掘金。

将传统投资领域有所建树的三大投资基金拉到家居行业，不仅是红星美凯龙的力量，更主要的是三个投资基金看中了家居行业的发掘空间。在投资人眼中，家居业年产值已经呈现出大于家电业年产值的趋势，家居流通企业的赢利能力比近年最红火的家电卖场还要强。

融资小警示

投资者评估融资计划的第一个环节，是让创业者讲述自己的创业构想，然后再对商机的大小进行评价。在这个环节，投资者最终选择的一般都是具有较高增长潜力的业务。投资者真正青睐的是建立在竞争优势之上的增长前景。投资者一般都非常熟悉投资之道，他们选择公司，不只看重公司眼前的发展速度，更看重公司的利润空间和发展前景。当企业发展到一定程度时，不仅要走多元化道路扩大经营之外，通常还会寻求新的区域市场。

误区二

融资额度的误区：过低地估计资金的需求

在投资者初步认可了企业的团队和商业模型后，接下来要做的事情就是对创业者提出的融资额度进行考察。

有些新创企业的创业者在提出自己的融资额度时，经常会过低地估计资金的需求，结果融到的资金不充足。研究发现，30% ~ 40% 的公司都会低估融资额度。

融资额度不足，会让企业的现金流在最短的时间里陷入困境，这时如果再想马上回头去找投资者追加资金，就不是一件容易的事情了。投资者会对创业者和其企业做出负面评价，不仅不会增加投资，还会进一步加大监管力度，严重的会撤资；即使有投资者愿意提供紧急的资金支持，也会提出一些比较苛刻的条件。

为了避免这种情况的出现，创业者在预测融资需求时，就要为以后的现金流设置一个安全缓冲带。比如，在估计值的基础上把融资额增加一些。

由于企业融资需要付出成本，因此在筹集资金时，先要确定企业的融资规模。融资过多，不仅会造成资金闲置浪费，增加融资成本，也会让企业承担更多的责任，难于偿还，增加经营风险；如果企业筹资不足，又会影响企业融资计划和其他业务的正常开展。因此，企业开始进行融资决策的时候，要根据企业对资金的需要、企业自身的实际条件、融资的难易程度和成本情况，来确定企业合理的融资额度。

一、融资额度的计算

那么，如何来计算融资额度呢？

1. 想想自己需不需要融资

这是最重要的！如果自己能独立运转，就不要指望着靠“天”吃饭。

要看一看企业自身的资金能否支持日常运转，或者说能维持公司多久的运作。如果说自身有一定的资金，或者通过业务的开展，完全能够通过自身资金的积淀来抵消全部或者部分资金消耗，那么就不用引进投资，或者暂时不考虑引进外部资金。

2. 看看火候是否已到

融资，最好是在有眉目的时候，要让投资人看到希望和未来；不要企业刚成立就融资，当投资者看不到企业的成绩的时候，一旦向你投钱，定然会狠狠敲你一笔，自己会很吃亏。

想一想，自己的项目是否具有发展前景？是否万事俱备只欠东风，即：钱能让项目更上一层楼，能让项目立竿见影？如果你的项目确实具有长期发展的潜力，只是缺少资金，就可以考虑引进一定量的资金。

3. 不要漫天要价

新创企业要根据自己的发展速度来计算需要的资金量，千万不要漫天要钱。融资额度多了，不仅不利于你的发展，也会给投资人带来不利影响，还会造成资源浪费。

企业创立前期，如果想引进项目发展所需要的资金，往往需要面对比较高的风险。一般来说，投资人都会索要较多的股份，这样团队股份就会被稀释，因此这个时候最好不要引进较多的资金；待事情有了一定的眉目之后，当投资人能够坦然地接受时，就能够进一步引进项目剩余所需资金，这时出售的股份要少很多。

4. 尽可能地保证对公司的控制权

众所周知，天使投资、VC等都是根据公司未来的发展估值来计算投入资金量的。因此，在引进资金前，要参考同行对自己的公司做一个估值。

融资小知识

投融资专家——郭彧

他是“企业对接资本”第一品牌——上海鼎毅投资管理公司董事长，我国资本运营与股权融资实战型专家，我国高成长企业对接资本市场第一人，清华大学、浙江大学、北京大学、人民大学、华中科技大学、日本琦玉大学、庆应大学等大学特聘教授，我国总裁俱乐部首席资本顾问，上海交大CEO投融资俱乐部理事，上海鼎毅企业资本战略研究中心总裁，美国杜纳·莫瑞斯集团中国高级顾问，特里尔能源集团独立董事，国环集团独立董事。

一般来说，引进天使投资时，所售的股份最好不要超过20%，最好为15%。这样，团队股份就可以占较大份额，保证团队对公司的控制权。当然，如果你觉得首次公开发行后，公司的市值会升高很多，且急需资金推动发展、上市，可以出售较多的股份。

二、拟融资额度的计算方法

除此之外，企业还需要掌握拟融资额度的计算方法。

所谓拟融资额度，一般都是指企业外部的资金需求量，它是企业资金需求总额减去来自内部的资金供给后的剩余资金缺口。

企业资金需求总额＝流动性资金需求量＋偿债性资金需求量＋投资性资金需求量

企业内部资金供给量＝自然增长的负债＋折旧＋新增留存收益

由此可得：

企业外部资金需求量（拟融资数额）＝流动性资金需求量＋偿债性资金需求量＋投资性资金需求量－（自然增长的负债＋折旧＋新增留存收益）

融资小警示

融资过多，不仅会造成资金闲置浪费，增加融资成本，也会让企业承担更多的责任，难于偿还，增加经营风险；如果企业筹资不足，又会影响企业融资计划和其他业务的正常开展。因此，企业开始进行融资决策的时候，要根据企业对资金的需要、企业自身的实际条件、融资的难易程度和成本情况，来确定企业合理的融资额度。为了避免这种情况的出现，创业者在预测融资需求时，就要为以后的现金流设置一个安全缓冲带。

误区三

企业作价的误区：经常将企业的作价定得过高

一提到融资，新创企业的领导者第一个遇到的问题就是“估值”：“我的公司究竟值多少钱?”其实，绝大多数的企业家融资时都会在这个问题上陷入误区，他们不清楚自己的公司在当前阶段的价值，往往估值过高。结果，非但不能与投融资界的行规价值对接，还经常被投资人否决。

经过几年的发展，一家网络公司取得了不错的成绩。后来，企业在纳斯达克成功上市。

银行承兑

融资小知识

投资方将一定的金额（比如，1 亿元人民币）打到项目方的公司账户上，然后要求银行开出同等金额的银行承兑，投资方将银行承兑拿走，这就是银行承兑。这种方式对投资方是非常有利的，这样做实际上是把 1 亿元变做几次来用。投资方可以拿着 1 亿元的银行承兑到其他地方银行再贴 1 亿元出来。这种方法的缺点有二：一是如果公司账户上只有 1 亿元，银行能否开 1 亿元的承兑？很可能只开出 80% ~90% 的银行承兑；即使是开出 100% 的银行承兑，允许你用多少还是个问题。二是根据国家的规定，银行承兑最多只能开 12 个月的，大部分地方都只能开 6 个月的。也就是说，每 6 个月或 1 年你就必须续签一次，如果用款时间长，会比较麻烦。

若干年后，一位研发部的技术骨干自己创办了一家小型科技公司，主要开发网络安全监控软件。他联系到一个金融学者，想让他帮忙融资。

年轻人说：“我希望的投资额是 100 万美元，如果对方能够实现我的这个愿望，我会给投资方 20% 的公司股权。”学者一听，就发现他进入了误区：自恃精英，估值过高。

学者问他："投资100万美元，占20%股权，那么你的公司现在值多少钱?"

年轻人想一下，回答说："公司的20%值100万美元，整个公司值500万美元，对吧?"

学者回答说："正确！那么你要向投资人证明：凭什么你公司现在值500万美元。"

年轻人立刻不说话了，显然他明白自己已经陷入了一个误区。

学者说："要想投资方相信你的公司值这么多钱，就要向投资方出示自己的资产和公司的现状，例如：用先进的硬件和软件以及市场营销额来证明自己公司确实值500万美元。"

年轻人说："一个月前，我花了几十万人民币注册了公司，公司只有我一个专职人员，有一个在外企上班的朋友兼职帮忙，产品还没研发出来，市场营销还没有一分钱进账。"

学者立刻告诉他："按照这种情况，现在公司的估值最多只有几十万元，所以投资方出资几十万人民币就可能占你50%的股份。要100万美元占20%，简直是天价!"

今天，很多企业普遍认为融资时钱不能要少了，否则显不出自身价值，都想找到足够的钱把产品研发出来，初步打进市场。同时，在企业初创期，他们并不想失去控股权，所以要钱多、出让股权少。

这些人自恃精英，以为自己的公司拥有很高的价值，过高估计甚至夸大了自己技术项目的价值。其实，他们的许多说法是经不起推敲的。这样做的后果很严重，只要投资方稍微一调查，这种夸大就会现出原形，融资大门就会被关上，即使想挽回也是很难了。投资人会掉头就走，心里还会说："这小子自高自大、胡说八道、天方夜谭，弄虚作假，再也不搭理他了！”

那么，正确的做法应该如何做呢？

首先，正确认识自己。

一般来说，科技型企业初创期的估值在100万元至数百万元人民币，创业者要避免报价与投融资界的估值行规相差太大。

其次，反省自己。

作为科技出身的人，往往都有自己的短板：一不懂得钱，二不懂得人。这是做企业经商的大忌。千万不要因为自己是技术精英，而傲慢示人，否则只会引起投资方的反感。要知道，你宣称的一流技术一定会经受投资方周密的调查，不要轻易鼓吹自己是“国内、国际领先”。

最后，陈述投资者的关注点。

对于融资额度的估价，实际上是企业内、外部资源的对接和评估。为了引起投资方的兴趣，要重点向他们讲解基于先进技术的产品已经占领了什么细分市场；多少客户在使用或者试用该产品；签署了什么销售意向书或合同；销售回款的时间表……这些有关钱和商业模式的内容是估值的基础，也是投资方最想听到的。

为了得到所需的资金，企业领导者一般都不愿意过多地放弃股权。在这个环节里容易陷入的一个主要误区是——经常将企业的作价定得过高。这样做，弊大于利，不仅会让投、融双方难以解决作价分歧；而且，过高的作价等于是给企业设定了一个很高的销售和利润目标，如果企业经营者实现不了这些预期的目标，其所持的股份就会减少很多，同时，信誉也会大打折扣，并影响到后面的进一步融资。

领导者没有必要执着于高水平的企业作价，应该从投资者的角度来看自己企业的作价，这样不仅可以顺利吸引到投资，而且还可以为创业者自己带来更多的利益。那么，如何来正确作价呢？

一、企业作价的依据

第一，要对企业历史经营绩效做出全面分析和横向、纵向比较，对影响企业历史绩效的各类因素、影响方式和影响程度等多一些了解。

第二，依据企业特定战略、发展规划、外界环境变化等对企业未来的绩效水平进行预测，主要包括：企业未来的资本支出、市场规模、价格趋势、成本结构等。

第三，对企业的收益、现金流量进行计算，估计企业的各类估值参数。

现金流量

融资小知识

是指企业在一定会计期间按照现金收付实现制，通过一定经济活动而产生的现金流入、现金流出及其总量情况的总称，即企业一定时期的现金和现金等价物的流入和流出的数量。在现代企业的发展过程中，决定企业兴衰存亡的是现金流，最能反映企业本质的是现金流。在众多价值评价指标中基于现金流的评价是最具权威性的，现金流量比传统的利润指标更能说明企业的赢利质量。

二、企业价值评估的方法

1. 基本评估方法

（1）成本途径——重置成本法

重置成本法，是以历史财务资料为价值评估和判断的基础，按资产的成本构成，以现行市价为标准，对业已存在的各种贬损因素进行估算，从而进一步评估企业的整体价值。

在现行市场条件下，重置成本法是按原有功能重新构建的一项全新资产。重置成本与原始成本的内容构成虽然是相同的，但二者反映的物价水平却是不一样的：前者反映的是资产评估日期的市场物价水平，后者反映的是当初构建资产时的物价水平。

（2）收益途径——收益法

所谓收益法，就是将企业未来预期的收益进行折现得出的企业价值。这种方法着眼于企业未来的经营业绩，通过估算企业未来的预期收益，以适当的折现率折算成现值。

在收益法中，预期收益可以是现金流量、净利润、利润总额等各种指标，至于选择哪一种指标作为收益额，要根据评估资产的类型、特点和评估目的来确定。目前，比较常用的方法有两种：净现金流折现法和净利润折现法。

（3）市场途径——市场比较法

所谓市场比较法，就是通过对资本市场上与被评估企业处于同一或类似行业的上市公司的经营和财务数据进行分析，计算出适当的价值比率或经济指标；然后，与被评估企业进行比较，而得出评估对象的价值。

2. 市场比较法

市场比较法一般有这样几种：

市盈率法（P/E）＝股价/每股收益

市净率法（P/B）＝股价/每股净资产

销售额倍数法（P/S）＝企业价值/销售收入

净现金流倍数法（P/C）＝企业价值/净现金流

EV/EBITDA 倍数法（EV/EBITDA）＝企业价值/税折旧摊销前利润

使用上面的这些方法进行评估时，要把握这样的几个原则：

- 企业价值评估没有最好的，只有最适用的；
- 分析过程比具体结果更重要；
- 尽职调查是公司价值评估的关键。

融资小警示

这样做，弊大于利，不仅会让投、融双方难以解决作价分歧；而且，过高的作价等于是给企业设定了一个很高的销售和利润目标，如果企业经营者实现不了这些预期的目标，其所持的股份就会减少很多，同时，信誉也会大打折扣，并影响到后面的进一步融资。领导者没有必要执着于高水平的企业作价，应该从投资者的角度来看自己企业的作价，这样不仅可以顺利吸引到投资，而且还可以为创业者自己带来更多的利益。

第二章

民营企业融资误区

——被非专业害惨的民营企业融资

为了自己的长足发展，很多民营企业也会走上融资之路，可是，由于自己对融资不专业、不熟悉，也给自己的融资之路造成了很多阻碍：

有的民营企业没有认识到包装对于融资的重要性，不是过度包装，就是不包装；

有的民营企业对自己缺乏长期的规划，只有缺钱的时候才会想到融资；

有的民营企业急于拿资金，却对企业内部的整理不太重视；

有的民营企业融资视野狭窄，只看到银行贷款或股权融资，没想到其他的融资方式；

有的民营企业只认钱，不认人，忽视了优秀人才的选用；

有的民营企业只想融资，不想让企业走向规范化；

有的民营企业只顾自己扩张，却忽视了企业文化的塑造；

有的民营企业只顾发展生产，却没有建立合理的公司治理结构；

有的民营企业低估了中小企业融资的难度，误以为仅靠自己的小圈子就可以拿到资金；

有的民营企业不愿意花钱请专业的中小企业融资顾问；

……

结果，由于自己的不专业，一个个的民营企业家都让自己陷入了被动的地位！

误区一
过度包装或不包装

众所周知，市场经济是竞争性经济，有需求就会有供给。要想在诸多供给者中脱颖而出，你就必须向别人证明你是最好的。

直存款

融资小知识

这是最难操作的融资方式。其实，直存款是违反银行规定的，企业必须跟银行有着良好的关系。使用这种方法，投资方首先要到项目方指定的银行开一个账户，将指定金额存进自己的账户；然后，跟银行签订一个协议，承诺该笔钱在规定的时间内不挪用；之后，银行就会根据这个金额给项目方提供小于等于同等金额的贷款。

一直以来，传统社会的供求模式是“皇帝的女儿不愁嫁”，可是到了现代社会，这种模式已经变成了“酒香也怕巷子深”。没有自我宣传的意识，缺乏主动出击的精神，必然会门庭冷落，关门大吉。

现代商业社会，随时随地都能看到广告轰炸、公关策划，无不是为了推销自己、吸引顾客。为了打动对方，为了将自己推销出去，就要用自己最擅长的东西、最突出的特色，使自己成为众所瞩目的亮点。相应地，就要努力掩盖和淡化自己的弱点和不足，这就是所谓的“包装”。在这里，包装并不是造假，也不是不诚实，它是符合人的本性和习惯的一种手段，只不过带有非常明显的利益动机而已。

商品需要包装，人需要包装，打算融资的民营企业更需要包装，因为一个企业被别人所接受的过程同样是一个自我推销的过程。

懂得包装只是第一步，更重要的是懂得如何包装。如果自己不行，就可以学习他人成功的经验，给自己的成功增加一个加速器。可是，很多人却陷入了迷信他人经验的误区，欲速不达。

有些民营企业认为只要自己经营效益好，融资就会很简单，不愿意去包装企业，认为这是一种浪费。其实，企业短期的利润并不能吸引资金方的目光，企业的长期发展前景和面临的风险才是资金方更为重视的方面。

有些民营企业为了融资，不惜一切代价去做宣传、搞美化工程，使本来效益就不好的企业雪上加霜。2010 年，当当网、优酷网等登陆美国股市掀起了新一波热潮，是我国企业赴美上市的第四波。在这之前，新浪、搜狐、网易、百度等引领了赴美上市的第一波；携程、艺龙、如家等互联网商旅服务商和教育培训“领头羊”新东方是第二波；第三波则是盛大、巨人网络等网游企业和即时通信的“带头大哥”腾讯，还有电子商务龙头企业阿里巴巴。

早先赴美上市的中国企业所面对的最大质疑，往往是“赢利模式虚弱”。比如：新浪当时的招股说明书里写着：“直至 1999 年年底，广告收入占 19.9%，电子商务收入占 0.6%，软件收入占 79.5%。”这就告诉我们，上市之初顶着“互联网”头衔的新浪，主要是靠卖软件挣钱。

这样，“挂羊头卖狗肉”的尴尬一度让新浪饱受争议。

与这些为赚钱而愁白头的“前辈”比较起来，后来赴美上市的中国企业的模样光鲜了不少，因为借助中介机构的帮助，他们对“成长性”“市场份额”等概念作了一番“包装”，而且“套路”越来越驾轻就熟，动听而引人无限联想的故事就这样流传开来：“麦考林”号称“我国电子商务第一股”，“绿诺国际”是“新能源”，“东方纸业”则是一家“高科技”的造纸公司……可是揭开华丽的外衣，却能够看到财务数据的“虚高”。

麦考林是一家出售服装和饰品的企业，主要面对的是城市年轻女性。过去十多年中，曾几经波折，一度濒临破产，直到现任 CEO 2001 年加盟后，才得以在第二年止亏。2004 年，麦考林实现了扭亏为盈，并保持了 50% 以上的年复合增长速度。

可是，“我国 B2C 在美上市第一股”这个响亮的称号并没有给麦考林带来多少荣光。登陆纳斯达克之后，麦考林先是跌破了发行价，继而遭遇了集体诉讼；紧接着，美国罗森律师事务便宣布，麦考林高管、董事和承销商违背了美国《1993 年证券法案》相关规定，误导投资者。

麦考林既不是我国电子商务第一股，更不是我国电子商务第一站，只不过是融资上市技巧第一股而已；麦考林股价重挫，既不能说明我国电子商务的现在，更不能代表我国电子商务的未来，只能说明麦考林自已的过度包装。是过度包装，害了麦考林！

要想到境外上市，最重要的就是恪守证券市场所在地的法律和商业伦理要求，如果自认为聪明过人，就会聪明反被聪明误。一旦问题被解释出来，调查、诉讼就会接踵而至，会给自己惹来一大堆麻烦。

民营企业进行融资项目包装，不仅是吸引投资者的过程，也是展示企业形象的过程，项目包装的成功与否对企业的发展起着至关重要的作用。要想确保融资项目包装的成功，应该注意如下几个方面：

融资小知识

证券

它是多种经济权益凭证的统称，主要包括：资本证券、货币证券和商品证券等。狭义上的证券主要指的是证券市场中的证券产品，其中包括：产权市场产品如股票，债权市场产品如债券，衍生市场产品如股票期货、期权、利率期货、期权等。从本质上来说，证券是一种交易契约或合同，合同持有人根据该合同的规定，对合同规定的标的采取相应的行为，并获得相应的收益的权利。

一、对项目包装的内在规律有个清楚的认识

对于一个未成形的项目包装，首先要设计并填写相关内容的申请表格，由相关决策者作出决策。然后，看看完整的商业计划书或项目建议书是否已经完成，如果完成，就将其委托给有一定资质的中介机构。

中介机构对提交的资料自行初步审查和评估后，根据实际情况提出咨询意见，进而形成正式的商业计划说明书。同时，依照专业要求加以改进，进一步完善商业模式和各项实施细节。

对于一些发展潜力巨大的项目，中介机构还要进行深入、全面

的分析研判和策划，建立起该项目的文本档案，并通过网络媒体等多种手段向策略投资者大力推荐。

项目包装全部完成后，要做好与项目包装相关的跟踪和提供专业的后续支持服务。为了帮助企业提升竞争力和赢利能力，中介机构要提供企业重组和改制、市场调研、公关策划、工商税务咨询等全方位的管理咨询服务。

其实，中小企业对项目包装的过程就是一个融资的过程，就是一个从项目开始包装到融资成功，并实现项目推介方与投资方“双赢”的过程。

二、熟练掌握项目包装的专业知识

在市场经济条件下，融资项目包装的理论与方法不仅是专业人士应该了解的，也是企业的管理者和决策者应当了解掌握的一门科学。

对于一家民营企业来讲，选择什么样的项目，对什么样的项目进行认定和包装，是关系到企业可持续发展的重要一环。项目包装不是生产经营之外的事情，而是企业寻求合作与发展、开拓新市场的基础和前提。

因此，项目包装的成败，既是开展融资的一个有机组成部分，也是市场经济比较成熟的一个显著标志。

三、充分发挥社会中介组织的作用

很多时候，项目的成败主要在于项目公司在投资项目的分析论证中是否有准确完备的信息来源和渠道，是否对市场进行了周密和细致的调研分析，是否具有组织实施能力，是否全面了解和熟悉投资项目的建设程序，是否能够预见到项目实施中可能出现的问题等。

具体来说，这些专业性、技术性很强的工作，尤其是在国际上一些大型的投资项目，通常都是由一家专业的财务顾问公司来担任财务顾问的。

作为资本市场的中介机构，财务顾问公司会通过对项目包装单位及其筹资者与投资者之间情况的把握，凭借其对市场动向及专门的财务分析人才优势，为项目制订出一个严格的、可学的、技术的财务计划；然后，在资产的规划和投入过程中，做出理性的投资分析和决策。

这些中介组织有着广泛的对外联络渠道，不仅了解国际上著名跨国企业、金融投资机构在项目投资方面的要求，也熟悉国际咨询业和项目包装领域发展的最新动态，更了解世界通用国际软件的功能和作用，具有进行项目包装的实践经验。

因此，融资的时候一定要充分利用他们的作用。

融资小知识

投资

是指用某种有价值的资产，其中包括资金、人力、知识产权等投入到某个企业、项目或经济活动，以获取经济回报的商业行为或过程。可分为三种：实物投资、资本投资和证券投资。前者是以货币投入企业，通过生产经营活动取得一定利润。后者是以货币购买企业发行的股票和公司债券，间接参与企业的利润分配。

四、善于利用国际通行软件

国际软件，一般都具有这样几个特点：有信誉、有科学性、能够满足投资者需要；规范化，用数据说话；通用性，能在国际间和各领域间通行；简易性，能够利用规范图表提供全方位服务。比如：目前国际上流行的 COMFAT Ⅲ。

这款软件是联合国工业发展组织支持开发的，主要用于工业项目和基础设施项目投资前的可行性分析。今天，这个系统已经被广泛应用于各国工业发展银行、咨询公司、跨国公司和大学。

对投资项目的经济估算来说，这款软件是一个非常实用和灵活的工具，不仅能够帮助投资方筹划和估算整个工程，还能够模拟出资金的流入和流出，更能利用计算机进行投资前的机遇分析、敏感性分析、前期可行性分析和可行性分析。

除此之外，这个系统还有很多的作用，比如：根据当地和国外的差别，制作当地和国外资金流动计划；在项目建设过程中，制作周期为半年的资金流动计划；自动计算财务计划、盈亏分析，可以计算出一种产品的收益对多种产品项目的财务经济效益。

这个系统是通过改变项目的参数来建立多个项目能力的，为了便于分析和估算不仅可以做几种方案，还能够确定计划参量对项目敏感性变化的影响。由此可见，利用规范化的国际软件对融资项目进行包装，是我国民营企业开展国际经济技术合作的最佳途径和选择。

五、积极开展市场调研

要确保融资项目包装的成功，就要积极开展市场调研并做好材料积累工作。只有对各种数据进行长时间的积累，才能在项目包装中尽可能多地反映出企业的全面真实情况。

同时，还要善于积累行业数据，了解行业状况。这样才能在项目包装中做好与同行业的比较，让投资者对行业投资一目了然，进一步坚定投资的信心和决心，使项目包装更有选择性、针对性和有效性。

做好项目包装，就要充分了解市场及周边环境。

六、加大项目推介力度

一个项目能否成功，包装发挥着意想不到的作用。可以通过生产要素的重组，将松散的生产要素集中起来，形成一种新的资源。那么，如何将松散的生产诸要素，通过筛选、认定、重组，使之变成融资的资源呢?

首先，要充分准备相关项目材料，包装后“隆重推出”。当然，包装的主要目的还在于能够让投资者“一见倾心”“一拍即合”，最终完成项目招商。所以，一旦项目进行了成功包装，就不能束之高阁了，要增加透明度，积极地、主动地、全方位地向外推介，尽可能地给投资者以最大的选择余地。

其次，要跟踪世界资本流动趋势，适时调整融资策略，积极探索利用国内外资金的新方式，加大对跨国公司的融资力度。

最后，要充分利用办展、参会、来访和信息网络寻求融资的合作伙伴，通过推广委托代理招商、网上招商、“小分队”招商等多种形式和渠道，加大项目推介的力度，不断提高融资的成效，使融资工作迈上一个新台阶。

融资小警示

商品需要包装，人需要包装，打算融资的民营企业更需要包装，因为一个企业被别人所接受的过程同样是一个自我推销的过程。有些民营企业认为只要自己经营效益好，融资就会很简单，不愿意去包装企业，认为这是一种浪费。其实，企业短期的利润并不能吸引资金方的目光，企业的长期发展前景和面临的风险才是资金方更为重视的方面。有些民营企业为了融资，不惜一切代价去做宣传、搞美化工程，使本来效益就不好的企业雪上加霜。

误区二
缺乏长期规划，临时抱佛脚

在我们身边，绝大多数的民营企业不了解资本的本性，都是在企业面临资金困难时才想到去做融资。其实，资本的本性是逐利，不是救急，更不是慈善。在正常经营的过程中，企业就应该考虑融资，和资金方建立起广泛的联系。

在目前这种市场状况下，民营企业更应该下大力气，用足够的人力物力去做企业的“投融资规划”。否则，当资金链断裂的时候，就晚了。

作为民营企业，要从现在开始，聘请专业机构或人员，通过对企业自身的资源、项目、无形资产等进行整合，并结合企业的发展战略和市场变化，规划设计出自己的“投融资规划”，这样才不会出现“钱到用时方恨少”“满街找钱跑得忙”的忙乱日子。

学会做好企业的“投融资规划”，不仅有利于有计划、有步骤地管理资金，还能够形成“有钱时投资准，缺钱时能融资”的良性资金运筹管理态势。

资金链

融资小知识

这是维系企业正常生产经营运转所需要的基本循环资金链条。现金—资产—现金（增值）的循环，是企业经营的过程，企业要维持运转，必须保持这个循环良性的不断运转。资金运营链是企业资金链的灵魂，资金运营链是企业业务运营在资金链上的反映。如果资金运营链出现问题，营运资产不能满足企业经营发展的需要，企业的资金链就会变得脆弱。

如果民营企业具有了这样的资本运营战略，不仅可以有效提高和保障项目开发运营效率，还能够在一定程度上降低项目的资金成本，提高收益；不仅能够使项目投资更准确，做到有的放矢，还可以盘活闲置资金，达到增值和提高资金投资收益的效果。

现在，让我们以房地产行业来说明这个问题。

众所周知，房地产开发属于资金密集型行业，对资金的依赖度非常高，没有强大的资金和完备的资金链支撑，想要长久参与房地产开发是很难的。因此，对于房地产开发企业来说，在进行项目运营和规划之前，首先要做好企业的“投融资规划”；只有“投融资规划”做好了，资金使用才会有保障，才不会在缺资金时盲目的四处乱找钱。

很多房地产企业是依靠销售回笼资金完成项目开发的，如果遇上销售不景气，开发商的资金链就会绷得很紧，为了解决问题，就会高成本融资和降价销售，这两种方法都会让企业损失掉一定的利润。如果有一天取消了预售制度，就会对房地产开发企业的“融资能力”提出更高的要求，因此，企业当前最重要的工作之一就是做好“投融资规划”。

调控之下、销量锐减的时候，是开发商学习“链金术”的时候。只有完善和掌握了资金的科学统筹运营管理，使企业的资金链张弛有度，才可能持续性的发展而做大做强。

一、作好融资战略规划

一直以来，民营企业融资难是企业发展的瓶颈。在制定经营发展战略的同时，民营企业一定要作好融资战略规划。

在发展的不同阶段，企业需要不同的融资方式。一家企业从创立之初到不断成长，其融资一般要经过四个阶段：自我融资、风险融资、间接融资和公众融资。

- 自我融资阶段。企业刚刚成立，通过业主自己和亲朋好友的资金支持企业发展。
- 风险融资阶段。风险投资家对有成长潜力的小企业进行的股权投资。
- 间接融资阶段。以商业银行为主的金融机构，采用贷款的形式为企业融资。
- 公众融资阶段。企业已经进入成熟阶段，通过发行企业债券或者股票的形式在公开的证券市场上融资。

针对民营企业的融资问题，企业一定要作好融资战略规划：

一方面，民营企业要客观评价自己，把握好自己所处的融资阶段，找准企业的融资来源。银行贷款只能作为企业发展到一定阶段时的融资来源，如果想让商业银行为刚创建的小企业提供创业投资和风险投资，是不符合银行稳健经营原则的。

另一方面，民营企业要不断完善企业治理结构，健全企业财务制度，为外部投资者提供一个了解企业经营状况的渠道，减少信息不对称问题，有利于获得低成本的外部融资。

二、写好项目融资计划书

融资计划书包含了投资决策所关心的全部内容，例如：企业商业模式、产品和服务模式、市场分析、融资需求、运作计划、竞争分析、财务分析、风险分析等。

项目初期，对自己企业的发展往往是模糊不清的，通过缜密的创业投资策划和专业商业计划书的撰写，可以使一个完整可行商业计划跃然纸上。

在撰写商业计划书时，要避免三个误区。

1. 不重视商业计划书

许多民营企业在融资的过程中，往往不重视商业计划书所起的重要作用。他们把大量的精力和时间都放在了找关系寻资金上，即使遇到了感兴趣的风险投资人，也往往因准备不足而错失良机。

2. 商业计划书简单化、过度追求包装

有些人把商业计划书看成是一般的工作计划和项目建议书，不太重视。有的人则过分追求商业计划书的包装，在里面加了很多的水分，经不起 VC/PE 的考察。

3. 商业计划书是写给自己的

很多人认为，只要将商业计划书写好了，就能拿到风险投资，殊不知，商业计划书并不只是写给投资商的，也是写给自己的。

银行信用证

即对于全球性的商业银行如花旗银行等，国家开出的同意给企业融资的银行信用证，相当于企业账户上已经有了同等金额的存款。

在过去，很多企业都用这种银行信用证进行圈钱。后来，随着国家政策的变动，国内企业就很难再用这种办法进行融资了，只有国外独资和中外合资的企业才可以。所以，国内企业想要用这种方法进行融资，首先要改变企业的性质。

融资小知识

三、项目融资计划书主要编制内容

项目融资计划书不仅可以帮助民营企业记录实现创业的构想、内容，还能帮助民营企业规划出合理成功的蓝图。整个商业计划书如果翔实清楚，对民营企业来说，也许更能达成共识、集中的力量，帮助民营企业进一步走向成功。

在项目计划书中，要编写哪些内容呢？

1. 资金规划

资金，也就是说，企业的钱从哪里来？主要包括个人与他人出资金额比例、项目投资等，这会影响整个事业的股份与红利分配。另外，整个创业计划的资金总额的分配比例也应该记录清楚；如果你希望以创业计划书来申请贷款，还要同时说明贷款的具体用途。

2. 阶段目标

阶段目标是指企业发展的短期目标、中期目标与长期目标，主要是让自己明了事业发展的可能性与各个阶段的目标。

3. 财务预估

要详细讲述一下预估的收入与预估的支出，甚至应该说明企业发展的前三年或前五年内，每一年预估的营业收入与支出费用的明细表。有了这些预估数字，企业家就能清晰地计算出利润，就能明白何时能达到收支平衡了。

4. 行销策略

为了找出目标市场的定位，要写上自己的行销策略。行销策略主要包括：了解服务市场或产品市场在哪里？销售方式及竞争条件在哪里？

5. 可能风险评估

在经营过程中，企业家可能遭受的挫折，例如：景气变动、竞争对手太强、客源流失……这些风险对企业家来说，会导致失败，因此可能风险评估是计划书中不可缺少的一项。

6. 其他

比如：融资的动机、股东名册、预定员工人数、企业组织、管理制度和未来展望等，这些都是商业计划书必须明确撰写的内容。

融资小警示

学会做好企业的“投融资规划”，不仅有利于有计划、有步骤地管理资金，还能够形成“有钱时投资准，缺钱时能融资”的良性资金运筹管理态势；不仅可以有效提高和保障项目开发运营效率，还能够在一定程度上降低项目的资金成本，提高收益；不仅能够使项目投资更准确，做到有的放矢，还可以盘活闲置资金，达到增值和提高资金投资收益的效果。只有掌握了资金的科学统筹运营管理，企业资金链张弛有度，才可能获得持续性的发展。

误区三
急于拿资金，忽视企业内部整理

企业融资是企业成长的过程，也是企业走向规范化的过程。民营企业在融资过程中，应不断促进企业走向规范化，通过企业规范化来提升企业融资能力。

企业的发展是一个资本不断累积的过程，在这个过程中，不管是流动资金、技术研发、招募人才、市场扩张都需要资金。如果仅仅以企业自身的资本滚动经营，是很难抓住市场机遇获得快速发展的。

不论企业规模大小，在一定情况下都有着融资需求。可是企业融资不是一拍脑袋就能够实现的，特别对于中小企业来说，要顺利从银行获得贷款，各项经营指标就要符合要求和发展前景。

在我们身边，很多中小企业只有在紧急情况下才会想到融资，这就很可能陷入越是缺钱，越难找到钱的窘境。因为这种时候，银行会对企业的还款能力产生一系列的担忧，想要顺利通过放贷审核并不是一件容易的事情。

有些民营中小企业融资时只想到要钱，一些基本的工作也没有及时去做，这样是不对的。

一、你要对自己有一个非常清晰的了解

当你将自己引荐给潜在投资者的时候，你要对实际情况做个了解。要对自己做一个净值调查，了解公司成立程序，这些手续是不是该办的都办了？公司以往的一些资产，比如：房产，产权过户了

吗？在这个过程中，你要了解清楚，要把相关的这些手续全部办妥。

很多中小企业为了减轻经营成本，往往会先结算，甚至连发票都没有，这样做存在一定的税务风险，这时候就会要对这个风险进行评估，看看风险到底有多大。如果能够规范化的，要尽可能规范化；不能够规范化，要把这个风险想清楚。

总之，不规范的问题都是可以解决的，但是有一点是关键的——你的业绩必须是实实在在的，只要业绩是真实的，法律上遇到问题都能够解决。

二、不隐瞒，诚实交代

有些企业会通过隐瞒或者其他的一些方式，比如：盗签文件，来为自己增色。其实，盗签文件一旦被发现，会引起非常严重的后果，所以诚实是最好的一个策略。

投资者在真正把钱交给你之前，他们会做一个详尽的经济调查。到时候，他们会派会计师过来，派律师进来，到时候你的所有东西都是透明的，所以倒不如提前将信息如实地告诉他。

直通款

融资小知识

所谓直通款，就是直接投资。这种手法，对项目的审查很严格，往往要求固定资产的抵押或银行担保，利息也相对较高，绝大多数是短期。

三、融资之前企业有些工作需要做

民营企业融资前，应该先将企业梳理一遍，理清企业的产权关系、资产权属关系、关联企业间的关系，把企业和公司业务清晰地展示在投资者面前，让投资者放心。

为了成功地从投资公司获得资金，企业一般需要具备三方面的内在条件：管理团队、市场方向和产品技术。

1. 管理团队

成功的企业都有一个共同的特点，就是他们都有一个优秀的团队，这是成功的第一要素。完全依赖于企业家一个人的企业，往往会令投资商望而却步。一个完美的创业团队包括三方面的成员：管理、营销和技术人才。

2. 市场方向

市场有着巨大的潜力，企业必须面向市场。这个市场有着很大的容量，有着很高的成长性，企业就要在恰当的时候引入恰当的技术或产品来满足这个市场的需求。

3. 产品技术

如果你的产品很容易模仿，那么很快就会落入价格战的归宿。拥有完善销售网络的大公司将很容易把新手挤掉，品牌建立也需要时间与资金。而专利、版权、独占的销售渠道和牢固的战略联盟都可以让企业保持持久的竞争优势。

但是，如果产品或技术太过创新，也会让自己陷入困境。对于新产品，市场都有一个接受的过程，如果没有一个很好的营销策划，同样可能导致直接的市场困境。

企业融资是企业发展过程中的关键环节，中小企业要想获得快速发展，不仅要有清晰的发展战略，还要从里到外营造一个资金愿意流入该企业、能够流入该企业的经营格局。

在发展过程中，有些领导者会把融资当做一个短期行为来看，希望突击拿款或突击融资，可是成功的机会很少。缺乏融资的准备，对资本的本性缺乏深刻的研究和理解，进行盲目的融资，往往效果不佳。

融资小警示

融资时只想到要钱，一些基本的工作也没有及时去做，这样是不对的。企业融资不是一拍脑袋就能够实现的，特别对于中小企业来说，要顺利从银行获得贷款，各项经营指标就要符合要求，发展前景要值得期待。在紧急情况下才会想到融资，企业就会陷入越是缺钱越难找到钱的窘境。这时候，投资者会对企业的还款能力产生担忧，想要通过放贷审核并非易事。只有在紧急情况下才会想到融资，这就很可能陷入越是缺钱，越难找到钱的窘境。

误区四
中小企业融资视野狭窄，只看到银行贷款或股权融资

融资过程中，有些中小企业视野狭窄，只看到了银行贷款或股权融资企业融资的方式。其实，不只是银行贷款和股权融资，租赁、担保、合作、购并等方式都可以达到融资目的。中小企业可以尝试不同的融资方式，以下列举一些融资方式。

一、融资租赁

融资租赁，又称金融租赁或财务租赁。指的是出租人根据承租人对供货人和租赁标的物的选择，由出租人向供货人购买租赁标的

物，租给承租人使用；然后，承租人分期向出租人支付租金。

在租赁期内，租赁物件的所有权属于出租人所有，承租人拥有租赁物件的使用权。租期届满，租金支付完毕，承租人根据融资租赁合同的规定履行完义务后，对租赁物的归属没有约定的或者约定不明的，可以协议补充；不能达成补充协议的，按照合同有关条款仍不能确定的，租赁物件所有权归出租人所有。

融资租赁是集融资与融物、贸易与技术更新于一体的新型金融产业，具有融资与融物相结合的特点，出现问题时租赁公司可以回收、处理租赁物，因此在办理融资时对企业资信和担保的要求不高，非常适合中小企业融资。

典当抵押融资

简称典当，主要是指当户将其动产、财产权利作为当物抵押或者将其房地产作为当物抵押给典当行，交付一定比例的费用，取得当金；并在约定期限内支付当金利息、偿还当金、赎回当物。这种融资方式特点为：周转速度快；抵押范围广，房产、汽车、股票、黄金、物资等都可以做抵押物；资金用途没有限制；借贷方式灵活；利息高于银行贷款。

融资小知识

二、融资担保

融资担保是担保业务中最主要的品种之一。随着商业信用、金融信用的发展需要，担保对象提出了新的融资需求，于是便出现了这样一种信用中介行为。融资担保具有金融性和中介性双重属性，属于一种特殊的金融中介服务，主要通过利用自身的第三方信用为需求双方提供融资担保服务，促进双方交易的完成。

信用担保机构，一般都会介入包括银行在内的金融机构、企业或个人，作为第三方保证人为债务方向债权方提供信用担保——担保债务方履行合同或其他类资金约定的责任和义务。

在开展融资担保业务过程中，信用担保机构要完成两方面的工作：一方面是对资金需求方的信用进行评估；另一方面是向资金供给方提供自身的资信证明，取得其对自身信用保证资格的认可。

1. 物的担保

对项目资产的抵押和控制上，往往会使用物的担保，主要包括：对项目的不动产和有形动产的抵押，对无形动产设置担保物权等几个方面。如果债务人没有履行自己的义务，债权人可以行使其对担保物的权利，满足自己的债权。

物的担保一般有以下两种形式：

- 抵押。为了提供担保，可以把资产的所有权移转给债权人。但是，要附有一项明示或默示的条件，即：该项资产的所有权要在债务人履行其义务后重新移转给债务人。

- 担保。这种形式不需要资产和权益占有的移转，也不需要所有权的移转，而是债权人或债务人之间的一项协议。

2. 人的担保

所谓人的担保，就是以法律协议形式做出承诺，担保人向债权人承担了一定的义务。在被担保人（主债务人）不履行其对债权人（担保受益人）所承担义务的情况下，比如：违约时，必须承担起被担保人的合约义务。

那么，哪些人可以当担保人呢？

• 项目投资者可以作为担保人。项目投资者可以建立一个专门的项目公司，经营项目，安排融资。

• 利用与项目有利益关系的第三方作为担保人。

• 商业担保人。商业担保人提供的担保服务，是担保项目投资者在项目中或者项目融资中所必须承担的义务。这类担保人一般为商业银行、投资公司和一些专业化的金融机构，所提供的担保一般都是银行信用证或银行担保。

三、并购融资

公司筹资来源、投资方向、投资收益和对股东的分配方式可以给公司带来活力，管理者的洞察力可以赋予公司长远的发展计划，但是只有现金才能给予公司生命力，当管理者一次次地获得、支付和归还资金时，他们也在为公司制造生命的血液。

并购

内涵非常广泛，一般是指兼并和收购。兼并，又称吸收合并，指两家或者更多的独立企业合并组成一家企业，通常都是由一家占优势的公司吸收一家或者多家公司。收购，指一家企业用现金或者有价证券购买另一家企业的股票或者资产，获得对该企业的全部资产或者某项资产的所有权，或对该企业的控制权。与并购意义相关的另一个概念是合并，指的是两个或两个以上的企业合并为一个新企业，完成后，多个法人变成一个法人。

融资小知识

在这个重要过程中，并购融资扮演着举足轻重的角色。通过兼并收购，公司就可以将筹集的资金投入到新的投资项目中，使失败的企业重获生机，有活力的企业持续繁荣。

根据资金来源渠道，可以将并购融资方式分为两种：内部融资和外部融资。

1. 内部融资

内部融资就是说，从企业内部开辟资金来源，筹措所需资金。如果收购方在收购前有充足的甚至过剩的闲置资金，可以使用内部资金并购。但是，由于并购活动所需的资金数额往往巨大，而企业内部资金毕竟有限，利用这种方式进行融资有很大的局限性，因此内部融资一般都不能作为企业并购融资的主要方式。

2. 外部融资

外部融资即企业从外部开辟资金来源，向企业以外的经济主体筹措资金，包括：企业银行信贷资金、非银行金融机构资金、发行证券筹集资金等。

在我国市场上，中小企业融资渠道和以前比较起来，已经拓宽了很多。如果一个企业果真有好项目，想要获得资金支持并不是很难。目前，在我国市场上，比较流行的中小企业融资渠道主要有以下几种，中小企业可以借鉴。

第一，中小企业融资租赁。

中小企业融资租赁指的是，出租方根据承租方（中小企业）来选择供货商、租赁物，向供货商购买租赁物，提供给承租方使用；承租方在契约或者合同规定的期限内分期支付租金。

想要获得中小企业融资租赁，企业本身的项目条件非常重要。中小企业融资租赁侧重于考察项目未来的现金流量，看重的是租赁项目自身的效益，而不是企业的综合效益。除此之外，企业的信用也很重要，良好的信用是下一次借贷的基础。

第二，不动产抵押中小企业融资。

汇票

国际贸易结算，基本上是非现金结算。汇票，是出票人签发的，委托付款人在见票时或者在指定日期无条件支付确定的金额给某人或其指定的人或持票人的票据。汇票是一种无条件支付的委托，有三个当事人：出票人、付款人和收款人。出票人就是开立票据并将其交付给他人的法人、其他组织或者个人；受票人就是“付款人”，是接受支付命令的人。收款人，是指受领汇票所规定的金额的人。

融资小知识

不动产抵押中小企业融资，是目前市场上运用最多的中小企业融资方式。在进行不动产抵押中小企业融资上，企业一定要多关注一下我国关于不动产抵押的法律规定，如：《担保法》《城市房地产管理法》等，避免上当受骗。

第三，银行承兑汇票中小企业融资。

中小企业融资双方为了达成交易，可以向银行申请签发银行承兑汇票。银行经审核同意后，就会正式受理银行承兑契约；承兑银行要在承兑汇票上签上表明承兑的字样或签章。这样，经银行承兑的汇票就称为银行承兑汇票。

具体来说，银行承兑汇票是银行替买方担保，卖方不必担心收不到货款，因为到期买方的担保银行一定会支付货款。银行承兑汇票中小企业融资，不仅可以让企业融资实现短、频、快，还可以降低企业财务费用。

第四，提供担保中小企业融资。

提供担保中小企业融资，有利于把握市场先机，减少企业资金占压，改善现金流量。这种贸易融资适用于已在银行开立信用证、进口货物已到港口，但单据未到、急于办理提货的中小企业。

需要注意的是，一旦办理了担保提货手续，无论收到的单据是否符合，企业都不能提出拒付和拒绝承兑。

第五，股权转让中小企业融资。

有些企业为了满足资金需求，会通过转让公司部分股权而获得资金，这就是中小企业股权转让融资。实际上是引入新的合作者、吸引直接投资的过程。

股权出让对对象的选择必须十分慎重而周密，一旦搞不好，企业会失去控制权而处于被动地位。中小企业在进行股权转让之前，一定要向相关的咨询公司进行咨询，并谨慎行事。

第六，国际市场开拓资金。

这部分资金主要来源于中央外贸发展基金。

市场开拓资金主要支持的内容是：境外展览会、质量管理体系、环境管理体系、软件出口企业和各类产品认证、国际市场宣传推介、开拓新兴市场、培训与研讨会、境外投标等，优先支持面向拉美、非洲、中东、东欧和东南亚等新兴国际市场的拓展活动。

不可否认，上面的六种中小企业融资方式是今天比较流行的典范。当然，除了这几种，中小企业融资的渠道还有很多，比如：外汇抵押贷款、境外上市中小企业融资、补偿贸易中小企业融资等，不管是采用哪种融资方式，企业选择之后，都要认真对待，不要轻易相信对方，知己知彼，百战不殆！

融资小警示

在我国市场上，中小企业融资渠道相较从前，已经拓宽了很多，如果一个企业真的有好的项目，想要获得资金支持并不是很难。可是在融资过程中，有些中小企业视野狭窄，只看到了银行贷款或股权融资企业融资的方式。其实，不只是银行贷款和股权融资，租赁、担保、合作、购并等方式都可以达到融资目的。中小企业可以尝试不同的融资方式。不管是采用哪种融资方式，企业选择之后，都要认真对待，不要轻易相信对方，知己知彼，百战不殆！

误区五
只认钱，不认人

资金，不仅是企业活动的第一推动力，更是企业发展的持续推动力，企业能否获得稳定的资金来源、及时足额筹集到生产所需要的资金，对企业的经营和发展都是极其重要的。

可是，有些民营企业融资的时候非常着急，一味地追求融资，却没有考虑融资后对企业经营发展产生的影响。大量的事实告诉我们，融资时民营企业不仅要考虑资金，还要考虑投资方在企业经营、发展方面对企业是否有帮助。

有些民营企业总是自以为是地认为，自己的技术非常好，别人早就该投钱了。当自己付出了很多努力，而没有得到投资方的青睐的时候，就会像怨妇一样，张嘴就是“你们究竟有没有钱？如果真有钱就赶快投资，不要总是调查，瞎耽误工夫”！

能说出这样的话的民营企业家的思维是单赢的，他们只将自己的眼睛盯在钱上，却没有充分考虑对方的回报。这是犯了融资大忌，而且很不公平。

一旦将钱投资给你，投资方就会承担巨大的风险，而民营企业承担的风险却很小。因为投资方投入的是钱，他只能通过资本的运作上市才能获得高倍回报，但是市场中存在着很大的不确定性，一旦项目失败，投资方将血本无归。

民间借贷

融资小知识

指的是公民之间、公民与法人之间、公民与其他组织之间的借贷。这种融资手段，资源丰富、操作简捷灵便，在市场经济不断发展的今天，一定程度上缓解了银行信贷资金不足的矛盾，促进了经济的发展。但是，民间借贷的随意性、风险性容易引发很多的社会问题。向私人借钱，绝大多数都是在半公开甚至秘密的状态下进行的，借贷双方仅靠信誉维持，借贷手续不完备，一旦遇到变化，很容易引发纠纷。

民营企业投入的是技术，即使项目做了一段时间失败了，不但不会损失掉自己的技术，反而还会变得更成熟。而且，民营企业还会收到技术成果、工资、股权等多种回报。即使公司倒闭，当事人失去的也只是股权，自己的技术成果和工资已经在公司经营过程中拿到了！而投资方呢？绝大部分都熬不到成功上市那一天。

在决定接受阿克塞尔公司的投资后，美国社交网站 **Facebook** 的创办人扎克伯格只身来到阿克塞尔公司的办公室，他约见了美国国家风险投资协会的主席布雷耶。他要见的是布雷耶本人，想让他出任 Facebook 的董事，而不是这次合作的主要负责人埃法西（风险投资家）。

扎克伯格虽然只有高中学历，可是却拒绝了 100 万美元年薪的职位，他认为，公司要想获得发展，融资是必由之路，但是融资不能只看重钱，还要有更长远的考虑。关键时刻，扎克伯格总是会提出比钱更有价值的要求：人。

在一个董事会里，需要更多身经百战的为公司的发展出谋划策的人。为了从商场前辈身上吸取经验教训，扎克伯格聘请华盛顿邮报集团首席执行官格雷厄姆担任董事。在提供给投资方董事席位的融资中，他都会想方设法挑选令投资方满意的人士担任公司董事，这已经成为他接受投资的必备条件。

另外布雷耶也知道，扎克伯格是个不拘一格的人才，便以个人的名义又投资 100 万美元。

这时候，萨维林（Facebook 另一创办人）的股份已经被稀释到了不足 10%，他与扎克伯格的关系出现了紧张。扎克伯格意识到，在董事人员的选择上要慎之又慎。

很多民营企业家大多都没有做企业的经历，更没有风险投资的经历。他们不知道，在企业经营中资金和管理的压力要远远超过技术压力；他们也体会不到投资人资金血本无归时的揪心痛楚。他们的眼界和胸怀只局限在自己的一亩三分地上，兴趣在技术、特长在技术，不懂换位思考为各个利益相关方做双赢、多赢考量。

俗语说得好："己所不欲，勿施于人！"一般来说，民营企业都不希望投资方低估自己的技术价值，可是对于投资方承担的最大风险却很少考虑。如果不懂换位思考，是很难对合理的技术进行估值的，更别说融资交易了；即使偶尔运气好融资成功了一把，在后来的合作中一定会和投资方闹翻，不会长期合作下去。

为了不让自己的股权融资之门关闭，民营企业家该怎么做呢？正确的做法应该是：

一、心态淡定，不着急

融资的时候，要不贪心投资方的钱，不急于要投资方出钱，要用长期交友合作的心态与各类投资方接触。心里要想着：“不论你投不投钱，我每天都会按部就班地经营企业。”如果急于求成，是很难获得有利于自己的条件的。

无形资产

指的是企业拥有或者控制的没有实物形态的可辨认非货币性资产。无形资产具有广义和狭义之分，广义的无形资产包括货币资金、应收账款、金融资产、长期股权投资、专利权、商标权等，因为它们没有物质实体，表现为某种法定权利或技术。但是，会计上通常将无形资产作狭义的理解，即：将专利权、商标权等称为无形资产。

融资小知识

二、话语动人，让对方获得温暖

投资方的最终目的是为了赚钱，如果你能告诉对方：“不管是过去、现在、将来，我们都会和你们友好相处。你看，过去的投资方从我们愉快合作中获得了丰厚回报，今后我们一定会通过多轮融资，让多个投资方发财。”想一想，如果你是投资方，听了这句话，还会不投钱吗？

三、实操公平，灵活务实

要充分理解投资方的诉求，做灵活务实的备选方案。对于公司估值、技术股权报价要合情合理，例如：技术股为30%，低于控股权；投资方、管理方、员工期权、外部资源等合计可以超过50%。

不可否认，民营企业家一般都有极强的融资意愿，可是很多人却缺少相应的融资知识，真正理解融资的人少之又少。很多融资者总是认为，托人打个电话，找个熟人，写个商业计划书，就能把钱贷到手，而不注重用心去研究融资知识。这就把融资简单化、随意化了。

由于缺乏必要的融资知识，融资视野狭窄，企业家只能看到银行贷款或股权融资。其实，除了银行贷款和股权融资外，租赁、担保、合作、购并，无形资产输出和转让等方式都可以达到融资目的。就这样，自己把宽泛的融资范围搞窄了。

其实，企业融资是非常专业的，不仅要有丰富的融资经验、广泛的融资渠道，还要对资本市场和投资人有充分的认识和了解，更要有很强的专业策划能力、解决问题的运作能力。因此，融资企业必须加强融资知识的学习理解。

融资小警示

俗语说得好：“己所不欲，勿施于人！”一般来说，民营企业都不希望投资方低估自己的技术价值，可是对于投资方承担的最大风险却很少考虑。如果不懂换位思考，是很难对合理的技术进行估值的，更别说融资交易了；即使偶尔运气好融资成功了一把，在后来的合作中一定会和投资方闹翻，不会长期合作下去。大量的事实告诉我们，融资时民营企业不仅要考虑资金，还要考虑投资方在企业经营、发展方面对企业是否有帮助。

误区六
只想融资，不想让企业走向规范化

融资的过程，既是企业成长的过程，也是企业走向规范化的过程。民营企业在融资过程中，要不断让自己的企业走向规范化，不断提升企业融资能力，让自己在竞争中立于不败之地。

企业管理是一个系统工程，要想让这个系统工程正常运转起来，实现高效、优质、高产、低耗，就必须运用科学的方法、手段和原理，按照一定的运营框架，对企业的各项管理要素进行系统的规范化、程序化、标准化设计，然后形成有效的管理运营机制，实现企业的规范化管理。

一、什么是企业规范化管理

企业管理规范化是指，依据企业开展管理事务的规范运营框架或流程，形成统一、规范和相对稳定的管理体系；在管理工作中，按照这些组织框架和运营流程来实施，使管理工作变得井然有序、协调高效。

企业规范化管理是建立在企业管理规范化的基础上的，按照企业的运营流程或框架对企业体系进行建设和管理，可以有效地解决管理中的集权与分权、人治与法治。

通过这种规范化的建设，不仅可以使企业常规的事件纳入制度化、数据化、流程化的管理，形成统一、规范和相对稳定的管理体系，还能够提高工作质量和工作效率，保障企业的正常运营。

二、企业规范化管理的作用

企业一旦走上规范化之路，会给企业带来很大的影响，比如：

1. 增强企业的“内功修炼”

通过现代企业管理的观念、方法和手段，可以让企业的管理不断地得到完善和健全，不仅有利于增强企业解决问题的能力，还能增强企业抵御风险的能力和对市场的应变能力，提高企业的市场竞争力。

2. 整合功能

在规范化管理的过程中，可以自觉地扬弃陈旧的东西，可以舍弃阻碍企业发展的消极因素，最大限度地吸纳积极因素，让企业具有较强的凝聚力和向心力，朝着企业发展的目标迈进。

股权出让

有些企业为了筹集到所需要的资金，会出让企业的部分股权，这就是股权出让融资。投资者以资金换取企业股权后，企业股东间的关系就会跟着发生变化，股东的权利和义务也要进行重新调整，企业的发展模式和经营方式也会随之产生变化。企业在进行这种融资时，不仅要慎重选择股权出让的交易对象，还要根据企业自身状况合理地确定股权出让比例等相关问题，以期达到既融通资金，又有利于企业发展的目的。

融资小知识

3. 约束功能

在规范化管理中，管理模式、管理制度都是开放式的，特别是它的用人制度、分配制度和考核制度都是公开的，也是公正的。在这种氛围里，积极的、健康的、美好的、善的东西会得到发扬；而那些不健康的、消极的、腐朽的思想和行为则会无处藏身。

4. 激励员工

一旦实现了规范化管理，就会对企业人才、资本等要素进行重新整合，通过对管理制度的调整，使其达到最合理的状态，让能者有用武之地，使庸者自奋，激发员工的主人翁意识，认真负责地做好每一项工作。

三、企业规范化管理的内容

在企业运作上，规范化管理会涉及很多方面：战略规划与决策程序、组织机构、业务流程、部门和岗位设置、规章制度和管理控制等方面。简单地说，就是“五化”：制度化、流程化、标准化、表单化、数据化。

1. 战略规划和决策的规范化

在我国的很多中小企业里，企业的人员对未来的发展方向和前途没有一个统一的、清晰的认识，对企业发展的预期充满了不确定性。在这种情况下，必须要有一个科学、规范、务实的企业战略分析系统，对于企业未来的发展机会、威胁、弱势和优势进行有效的分析；必须确定企业的理念和文化，进行经营定位、行业定位、产品定位和市场的定位，明确公司战略，制定企业的竞争战略和各职能层战略。

决策程序化，不仅意味着要在内容体系完整的基础上进行决策，还要用科学方法进行决策，并把决策活动约束在既定的程序中，让企业决策成为推动企业发展的最优选择。

2. 运营流程的规范化

对部门内部的管控体系，一般来说，企业都有一定的管理办法，但是却很难掌控好部门之间的衔接，所以，越界定部门之间的权责，问题就越多。

企业要对自己运营的流程进行明确，使部门纳入到流程中，成为企业流程中的一个节点。这里的流程主要包括：岗位工作流程、系统业务流程、企业组织流程。在进行流程规范化的时候，需要做的第一件事就是明确企业的战略方向和目标、识别流程和现状；第二件事，就是要确定企业的各个流程，对流程进行科学的规划和设计，使企业运营达到效率最优。

3. 组织结构的规范化

所谓组织结构，是企业在运营过程中涉及的目标、任务、权利、操作和相互关系的系统。具体内容包括：企业各部门之间的结构、岗位设置、岗位职责和岗位描述等。

组织结构一旦实现了规范化，不仅可以使部门与部门之间、人员与任务之间的关系协调；还能够让员工明确自己在公司中应有的权、责、利，以及工作形式、考核标准，有效地保证组织活动的开展，最终保证组织目标的实现。

组织结构决定着组织行为，直接影响企业战略的执行，所以必须依据企业的实际情况，为企业设计与其相匹配的组织结构，来实现企业的目标。

组织结构规范化强调组织架构的设计，要建立在系统思考的基础上。各团队成员都要从系统的角度出发，用企业的目标来界定自己工作的内容、标准和要求，使之按照既定要求和标准，对所获得的资源的配置方式进行选择，行使决策权力，承担相应的决策责任。

4. 规章制度的规范化

管理制度是规范化管理的有效工具，不仅可以对各个部门、岗位和员工的运行准则进行很好的界定，还能够使整个公司的管理体系更加规范，让每个员工的行为受到合理的约束与激励。其主要内容包括：管理体系的规范化、行为准则界定的规范化、绩效管理标准的规范化、违规行为处罚的规范化等。

5. 资料信息体系规范化

民营企业家要从有利于信息化、有利于信息共享、有利于减轻基层负担出发，根据新流程、新制度的要求，按照“格式模板统一、填写标准统一、资料共享及归档要求统一、检查指导要求统一、评分考核要求统一、绩效兑现要求统一”的标准，完善台账、记录、报表，完善内部共享资料数据库；推进基础资料信息化管理，为量化考核和绩效考核提供依据。

融资小知识

台账

就是明细记录表，也就是流水账。不属于会计核算中的账簿系统，不是会计核算时所记的账簿，是企业为了加强某方面的管理和更加详细地了解某方面的信息而设置的一种辅助账簿，没有固定的格式，没有固定的账页，可以根据实际需要自行设计。要尽量详细，全面地反映出某方面的信息。不必按凭证号记账，但能反映出记账号更好。

6. 管理控制的规范化

企业的规模越大，管理者对企业的管理难度就越大。企业要建立一套有效的管理控制系统，让管理者通过这套规范化的系统，对企业的战略、营销、生产、财务、人力资源、技术开发、供应链、产品的品质等模块进行有效的管理和控制，使企业的每一个岗位、每一个活动、每一份资产都处于掌控之中。

相信，通过对上面这几个方面的规范化，最后一定能够实现企业的决策程序化、考核定量化、组织系统化、权责明晰化、奖惩有据化、目标计划化、业务流程化、措施具体化、行为标准化、控制过程化。

四、实施企业规范化管理应注意的事项

对企业进行规范化管理的时候，有些事情是需要注意的。

1. 规范化管理不是一成不变的

理论只是一个框架，框架中的具体内容要用实际情况来填充。在这个世界上，找不到放之四海而皆准的规范化管理模板，关键是要让实际和理论进行合理的匹配。

各个企业的情况不同，具体内容也不一样。企业要在意识上、系统性上、操作行为上进行规范，而在企业文化、经营思想和企业决策等定性方面应该具体问题具体对待。因此，引入规范化管理系统后，高层管理者不仅要注重系统的完善、优化和创新，还要把规范化管理的“普遍规律”与各自企业的“特殊情况”有机地结合起来。

2. 企业规范化管理必须以人为本

企业是由人构成的，企业发展的核心资源也是人，而主导人的意志行为的却是他的价值观念。一套在企业内部广泛认同的、系统

的价值观念体系，是企业进行规范化管理的基础。所以，企业规范化管理必须以人为本。

企业要从人的价值观念出发，形成一套内部一致认同的价值观念体系，作为指导思想来协调企业组织运行和管理的行为，使企业的管理方法和技术融合为一个整体。这样，那些不利于企业持续稳定发展的行为和做法，才可能被及时纠正。

3. 规范化不能随心所欲

规范为人们提供了相对稳定、可以预测、可以期待的工作与生活环境，为企业内部成员之间、企业与外部的协作提供了基础。

对企业进行规范化管理的时候，不能随心所欲，不能人为地制造一些“限制”。许多成长型企业在进行规范化管理的时候，遇到的最大障碍就是企业的核心人物，这些核心人物经常会用“长官意志”来代替企业的规范化管理，具有很大的随意性。

为了实现企业的良性发展，在现代企业管理制度不断完善的过程中，民营企业必须按照时代的要求，探索和制订一套具有科学性、合理性和预见性的经营管理方法，走上规范化管理的道路。只有这样，才能在企业内部形成管理者和员工“同呼吸共命运”的利益共同体，才能更好地发挥广大员工的主动性、积极性和创造性，才能抓住机遇、迎接挑战，使企业在激烈的市场竞争中立于不败之地。

融资小警示

企业管理是一个系统工程，要想让这个系统工程正常运转起来，实现高效、优质、高产、低耗，就必须运用科学的方法、手段和原理，按照一定的运营框架，对企业的各项管理要素进行系统的规范化、程序化、标准化设计，然后形成有效的管理运营机制，实现企业的规范化管理。融资过程中，要让企业走向规范化，不断提升企业融资能力。

误区七
只顾扩张，不塑造企业文化

有些民营企业在融资过程中，只顾企业扩张，忽视了塑造企业文化。结果，企业规模做大了，但企业却失去了原有的凝聚力，企业内部或各部门之间缺乏共同的价值观，没有协同能力。

热衷于扩张，企业管理跟不上，是很多优质企业“突然死亡”的共同特点。比如华联三鑫。2003 年创立的华联三鑫，仅用了 5 年的时间，就有了称“世界第二、亚洲第一”的称号。在前几年，生产 PTA 是个暴利行业，华联三鑫不断进行扩张。结果，后来原油价格一路走高，上游原材料价格居高不下，下游市场需求不足，铺开的摊子过大，制约了企业的发展。

增资扩股

融资小知识

增资扩股是指企业向社会募集股份、发行股票、新股东投资入股或原股东增加投资扩大股权，从而增加企业的资本金。对于有限责任公司来说，增资扩股一般指企业增加注册资本，增加的部分由新股东认购或新老股东共同认购。对于股份有限公司来说，增资扩股指企业向社会募集股份、发行股票、新股东投资入股或原股东增加投资扩大股权，增加企业的资本金。

再如，浙江江龙控股集团有限公司。2006年9月，浙江江龙控股集团有限公司控股的中国印染在新加坡上市，号称“中国最大的印染企业”而名噪一时。江龙控股不断地扩张，先后成立了浙江江龙印染公司、浙江南方科技有限公司、浙江方圆纺织超市有限公司等8家子公司。可是由于摊子铺得太大，企业不得不停产。董事长陶寿龙失踪了，在留给绍兴县领导的一封信中表示，自己头脑发热，过度扩张以为钱很好赚，导致最终停产。

又如，中强工具有限公司。中强工具有限公司是我国首屈一指的各类中高档电动工具专业制造商，创建于1994年，拥有员工2000人，年产值10亿元。2010年5月，宁波中强工具有限公司宣布破产。自2003年收购德国卢茨机械设备公司后，公司便迅速走上了扩张之路，几年间职工人员就增加了1倍多，并在上海、宁波等地大量兴建新厂。

无节制扩张最终导致企业运行困难，这样一家优秀企业，在短短几年间就从顶峰跌落到了谷底。

在中小企业中，许多企业的领导在文化、理念等方面存在着局限，对于企业的现代科学管理内涵缺乏系统的了解，而将自己的主要精力都集中在了与产生经济效益直接相关的生产、销售等工作环节之中。在他们看来，各个管理部门的主要使命就是多赚钱、少花钱，一切都要围绕企业的利润转。因此，他们对于人力资源管理缺乏足够的重视，对于更加“虚幻”的企业文化更是不了解、不重视。

企业文化是企业在长期的生产过程中逐渐形成的管理思想方式、群体意识和行为规范，大力开展企业文化建设，是当前提高企业竞争能力的内在要求和重要举措。

如果说企业是一艘巨轮，那么企业文化就是它的帆，只有当帆吸满风力的时候，这艘巨轮才能加足马力在经济大潮中乘风破浪，扬帆挺进!

企业的发展离不开全体员工的同心同德与同甘共苦，离不开能使员工为之自觉奋斗和奉献的企业文化。在奋斗的过程中，员工只有与企业的目标保持高度一致，具有“企兴我荣、企衰我耻”的奉献理念，才能加快企业的发展速度，才能使企业的核心竞争力得到有效增强。

努力建设先进的企业文化，是实现企业的科学发展、和谐发展的重要手段。那么，如何来建设企业文化呢?

一、提高认识

实践证明，企业文化既是文化创新的重要内容，又是经济发展中最具活力的因素。加强企业文化建设，也就抓住了发展先进社会生产力这个基础，抓住了发展社会先进文化这个枢纽。一个企业如果没有灵魂，就不会有活力，更不会有竞争力和战斗力。

二、加强学习

在企业文化中，人是最重要的因素。一个人的思想政治觉悟和道德观念对其言行举止起着决定性作用，只有树立正确的人生观、世界观、价值观，才能在实际工作中真正领会企业文化的重大意义。要做到这点，一条重要途径就是学习。

（1）向典范企业学习，并把这些企业作为潜在的竞争对手，不断超越、不断提高、不断进步。

（2）坚持不懈地抓好理论学习，突出员工职业道德建设；把爱岗敬业、乐于奉献、诚实守信、团结协作等思想观念融入员工的价值观念中。

融资小知识

蓝裕平教授

蓝裕平先后在外资银行、证券公司以及深圳和北京的中大型民营投资公司担任过发展助理、外汇交易员、证券分析员、金融投资部经理、副总经理和总裁助理等职务，涉及的工作领域包括国际结算、外汇交易与资金交易、证券市场交易、期货与金融衍生工具交易、私人基金管理、企业重组上市、国内及境外上市公司收购兼并等。在金融及投资领域工作17年以后，开始重执教鞭，从事教学、研究和企业财务顾问工作。现受聘于北京师范大学国际金融学院，任副教授。

(3) 加强对员工的业务建设，大力开展岗位练兵、技能比武活动；积极鼓励岗位成才，提高员工的科学文化素质和业务能力。

(4) 树立本企业的模范人物，用身边人、身边事激励员工与企业同呼吸、共命运，自觉做企业的主人。

(5) 学习企业文化建设的重要意义，把打造优秀企业文化、促进企业健康发展作为员工的自主行为，激发员工的内在动力。

三、强化目标教育

首先，要加强企业发展目标教育。

要跟员工讲清这样几件事：企业面临的形势和任务，企业的年度目标和存在的问题。当员工的精神被进一步振奋起来的时候，就会把思想和行动都统一到企业发展的思路上来。

其次，是加强个人目标教育。

要通过各种各样的目标教育，让员工树立远大的人生理想和追求目标。同时，要注意分解企业各项任务指标，让员工在工作中有压力、有方向，增强员工的责任感、使命感和紧迫感，为员工搭建表现才能、实现自我价值的舞台，激发员工的创造智慧，有效提高员工的自身素质，提升人生价值。

最后，引导员工把个人目标同企业发展目标有机地结合起来。

要实现企业目标，就要有优秀的企业文化凝聚人心，使员工相互依赖、相互促进，用团结协作、团结奉献的信念去为企业的发展奉献自己，实现人生价值，从而实现企业和员工的共同发展。

四、突出人本管理

人本管理是现代企业的系统管理方式，基本着眼点是以人为中心，含义是依靠人、开发人的潜能、尊重每一个人、塑造高素质的员工队伍、实现人的全面发展，突出人本管理。那么，如何才能突出人本思想呢？

（1）营造一个企业内外部和谐的氛围，尊重员工、理解员工，尤其要尊重员工的劳动。

（2）通过企务公开、召开职代会等民主管理形式，加强领导与员工之间的思想交流，使员工有知情权、建议权、监督权和质询权。

（3）要真心实意地为员工办实事、做好事，帮员工解决生活工作中遇到的困难和问题。

（4）管理者要注重自身建设，以身作则，自觉规范行为，起好示范和表率作用；用自己的理念、行为去影响人、管理人。

（5）要丰富职工文化生活，通过集体活动，如竞赛、联欢等，让员工意识到团结就是力量、团结能启迪人的智慧、团结能推动生产力的发展。

事实证明，只有努力营造一个轻松和谐的工作环境，才能更有效地激发人的活力，企业文化建设才更具活力。

五、塑造企业价值观

企业价值观是一种以企业为主体的价值取向，是指导企业内部的绝大部分人共同认可的价值观念，是由企业和员工的需要构成的价值体系，是企业文化的基础、核心和实质。

企业价值观，是企业在追求经营成功的过程中所推崇和信奉的基本行为准则。企业的创新、文化的特征都是以此为源泉的；企业的基本抉择、行为规范是以此为轴心加以调节、变动的；企业的存续、发展都是以此为核心而维系的。

一般来说，企业价值观的塑造可以从领导者和员工两个方面进行。

（1）领导者必须通过自身的倡导和示范，使员工积极支持和参与企业文化建设，创建独具特色的企业文化。

融资分类

融资小知识

融资可以分为直接融资和间接融资。所谓直接融资，就是不经金融机构的媒介，由政府、企事业单位和个人直接以最后借款人的身份向最后贷款人进行的融资活动，得到资金直接用于生产、投资和消费，最典型的直接融资就是公司上市。所谓间接融资，就是通过金融机构的媒介，由最后借款人向最后贷款人进行的融资活动，比如：企业向银行、信托公司进行融资等。

（2）要培养员工的企业意识，包括对企业性质和特征的认识，对企业生存、发展、兴衰的责任感等。

（3）要努力营造良好的企业内部环境，优化用人环境、合作环境和竞争环境。营造一种知识分享、员工之间和谐相处的气氛；为员工提供培训机会。

企业文化建设的根本目的，就是用文化力激活生产力，增强凝聚力、执行力和创造力，进而提升企业核心竞争力。一个成功的企业，必须致力于企业文化的建设，必须千方百计地提高企业核心竞争力。

企业文化对于一个公司来说，起着极其重要的作用，好的企业文化是企业发展的风向标，否则会给企业带来很多不必要的麻烦。在塑造企业文化的过程中，要注意这样几个问题。

第一，不要将塑造企业文化当做买花瓶。

有些民营企业在塑造企业文化的过程中，并不能切实发挥企业文化的作用，只是把企业文化当做一种“面子工程”，办公室张贴几张文化海报，走道里摆放几个文化框，车间里悬挂一些“催人奋进”的口号，公司展厅里放上几本企业文化词典，结果收效甚微。

实际上，这是把塑造企业文化当做买花瓶，一种供来访客人观赏的花瓶，实质上是对企业文化的曲解。企业文化建设的目的，主要在于协助企业统一思想、规范员工行为、增加员工的工作激情和信心、增强团队的凝聚力、提高员工的工作效率，而不是一种供人参观的摆设。

企业文化要以效益为导向，必须为企业创造出实实在在的效益。企业家必须用投资的心态来建设企业文化，要一步一个脚印地逐步建设自己的企业文化。

第二，不要只将道德标准“捏在手上”。

很多企业都在强调企业文化的重要性，都希望企业文化能够给公司带来效益，以促进公司的可持续发展。也就是说，大家都知道了企业文化的重要意义，但是企业很少认真想过：企业文化优劣的根基是什么？

有些企业将道德标准“捏在手上”，比如：企业订了许多不合理的规章制度，规定：员工每半天只能上一次厕所，结果很多员工上班前不敢喝水；有的企业规定，工人完不成当天的定额不准下班，很多工人被迫每天工作十二三个小时，却得不到加班费；有的企业为了赚钱，敢置顾客的生命于不顾，生产危害性极强的食品残害人命……

这样的例子举不胜举。试问，这样的企业寿命能够长久吗？当然不能！

第三，不能只将诚信法则“挂在嘴边”。

在竞争日趋国际化的今天，对于企业来说，诚信更是一个企业基业常青的重要因素，讲不讲诚信则直接影响到企业生存和发展。

可是，很多企业家仍然只是把“诚信”法则挂在嘴边，不会在自己的实际行为中实践“诚信”，也就是说，诚信只是一层脆弱的美丽外衣，只要“风”轻轻一吹就无影无踪了。

第四，承担起应有的责任感。

真正优秀的企业绝对不仅仅是“销量第一”“规模第一”“利润第一”，必须具有强烈的社会责任感。为了增强自己的社会责任感，肩负起自己的各种社会责任，就要向富有社会责任感的优秀企业学习。

例如，为了倡导全社会都来关注、生产、使用节水节能型洗衣机，海尔不仅宣布停产非节水洗衣机，还表示愿意把最新研制出来的滚筒洗衣机“自动挡节水技术”无偿捐献出来，转让给愿意与海尔共同推动全社会节水事业的洗衣机同行。

海尔的这个举动对于唤起整个家电业的社会责任感是非常有帮助的，值得我国企业认真学习。

融资小警示

企业文化是企业在长期的生产过程中逐渐形成的管理思想方式、群体意识和行为规范，大力开展企业文化建设，是当前提高企业竞争能力的内在要求和重要举措。如果说企业是一艘巨轮，那么企业文化就是它的帆，只有当帆吸满风力的时候，这艘巨轮才能加足马力在经济大潮中乘风破浪，扬帆挺进。

误区八
只顾扩张，不建立合理的公司治理结构

很多民营企业通过融资实现了不断扩张的目的，但企业管理却越来越粗放、松散。在经营中，企业家要时刻保持清醒的头脑，不要把一时的繁荣误当成持久的强盛。在今天企业转型升级之时，千万不要在产能上较劲，要不断提升自己品牌的内涵，在质量和效益上多用些力气，为公司建立合理的公司治理结构。

许多企业在刚刚创业的时候，都头脑清醒，步履稳健，可是一遇到大好形势，就头脑发热，常把一时的繁荣当持久的强盛，于是，便大胆盲目地扩张。

产权交易

融资小知识

产权交易，是指资产所有者将其资产所有权和经营权全部或者部分进行有偿转让。这种经济活动是以实物形态为基本特征的，是多层资本市场的重要组成部分。这种方式，可以为产权转让提供条件和综合配套服务；有利于开展政策咨询、信息发布、组织交易、产权鉴证、资金结算交割、股权登记等业务活动。产权交易具有限制性、复杂性、多样性、市场性等特征。

这样的雄心壮志固然可嘉，拥有理想追求也无可厚非，但问题的关键是，市场是变化的、企业的成长是有规律的。在高速发展时，如果企业一味地追求短期的规模效应和眼前的经济利益，只注重产能的扩张，而忽视企业内涵的打造、忽视基础管理，忽视品质和品牌的提升，企业就会处于一种“虚盛”状态：内功不扎实、根基不牢固、免疫能力弱，一旦遇到经济增速放缓，市场形势恶化，企业就会立刻陷于被动，造成无法弥补的损失。

这样的例子在我们身边有很多，比如：国内体育服装品牌李宁。

借着2008年北京奥运会的东风强势发展，李宁在2009年我国内地市场销售额超过了阿迪达斯，谱写了上市6年来（截至2009年）销售收入年均复合增长率为34.9%、净利年均复合增长率为50.5%的神话。

可是就在这时，李宁公司开始盲目扩张，大举进攻国际、国内两个市场，店开得越来越多，战线越拉越长，产能越来越大，库存越来越多……结果，在全球经济危机加重蔓延之时，李宁公司的库存高达10亿元之巨。

面对沉重的压力，企业只好关店，海外店铺全部关门，国内店千家收铺，损失极为惨重。

李宁的例子告诉我们，不管做任何事情都不能违背规律和常识，办企业更是如此。

古语说的好："生于忧患，死于安乐。"就像居家过日子要"穷灶门，富水缸"一样，民营企业也要"富订单，穷产能"，也就是说，要让产能满负荷达到穷尽而用，而不能有过剩或闲置。企业必须创造出订单饱满，甚至订单多于产能的有利局面，而不是大产能小订单或生产强市场弱的不利局面。

为了实现这一点，随着不断地扩张，企业就要不断完善公司治理结构，使公司决策走上规范、科学的道路，通过规范化的决策和管理来规避企业扩张过程中的经营风险。

房西苑

美国项目管理协会会员兼培训教授，清华经管学院 MBA 教授。

华运电力载波技术有限公司董事长、海南民福药业有限公司董事长、北京汇思通管理咨询有限公司董事长、华银普高科技推展中心创始人，执行董事。曾服务于关税贸易总协定秘书处、我国入关问题专家组；也曾服务于美国著名投资银行；参与过我国最大三家在美上市公司（金山石化、大唐电力、南方航空）上市文件的制作。

融资小知识

公司治理结构是一种联系并规范股东（财产所有者）、董事会、高级管理人员权利和义务分配，以及与此有关的聘选、监督等问题的制度框架。简单地说，就是如何在公司内部划分权力。良好的公司治理结构，不仅可以解决公司各方面的利益分配问题，对公司能否高效运转、是否具有竞争力还起着决定性的作用。

一、公司治理结构需解决的问题

公司治理结构，一般要解决涉及公司成败的三个基本问题。

1. 协调股东与企业的利益关系

在所有权与经营权分离的情况下，股权处于分散状态，股东有可能失去控制权，企业被内部人（即管理者）所控制。这时候，对企业内部拥有控制权的人就有可能做出违背股东利益的决策，侵犯股东的利益。这种情况，会直接导致投资者不愿投资或股东“用脚表决”的后果，对企业的长期发展是非常不利的。公司治理结构正是要从制度上保证所有者（股东）的控制与利益。

2. 协调各方面关系

企业内各利益集团的关系协调，这方面主要包括：激励经理层与其他员工、制约高层管理者。这个问题的解决，不仅有利于处理企业各集团的利益关系，还可以有效避免因高管决策失误给企业造成的不利影响。这就是公司的基本层。

3. 提高企业自身抗风险能力

随着企业的发展不断加速、企业规模的不断扩大，企业中股东与企业的利益关系、企业内各利益集团的关系、企业与其他企业关系以及企业与政府的关系将越来越复杂，风险越来越大，尤其是法律风险。合理的公司治理结构，不仅能有效地缓解各利益关系的冲突，还能增强企业自身的抗风险能力。

总之，不管公司治理结构采取何种治理模式，最终总是要符合某种要求，达到某种目的。在当今公司治理改革的主流中，公司治理机制的基本目标是形成一个健全的公司运作机制，最大限度地降低“代理成本”，实现股东价值和股东财富的最大化，提高公司的运作质量和竞争力。

对一个有效的公司治理来讲，要符合三项主要要求：公平、公开和诚信。有效公司治理的基本原则是：

一是强化董事与董事会的责任；

二是确保董事会的独立性，强化董事会的审计、薪酬等专业委员会的作用和责任；

三是建立一套健全的、可操作性强的、责权利明确的公司管理治理规则，保证内控的实施；

四是注重风险管理，增加公司价值；

五是增加公司透明度，提高公司信息披露标准；

六是强化对公司董事、高管人员的监督。

二、在我国建设合理的公司治理结构的主要内容

1. 公司治理结构模式

一个有效的公司治理结构模式，起码需要具备以下几个条件：

（1）能与改革的经济发展和资本市场发展水平相适应；

（2）能保证公司实现长期的稳定增长与发展；

（3）能保证公司所有者对公司的经营者进行有效的调控；

（4）能保证公司经营者具有独立的生产经营自主权；

（5）能够有效地运用激励和控制机制全面地调控所有者、经营者和公司职工的行为，并充分发挥各自的积极性。

民营公司股权结构模式应当是：银行、业务上有关联的并相互

持股的企业法人、国家持股公司、基金组织、其他企业法人和社会公众等参与持股，且与银行和业务上有关联的企业法人持股为核心。

选择这种模式的时候，要以下列假定条件为前提：

（1）银行、企业都是完全独立的货币经营者和商品生产经营者；

（2）经理市场是一个有限市场，换言之，经理的流动性将受到很大约束；

（3）劳动力市场也是有限市场，劳动力流动性受到很大约束；

（4）一般情况下，国有股在公司股份中的比重不应大于银行与业务上关联的企业法人持股量之和；

（5）这里所说的公司，主要是指竞争性行业中的公司。

2. 公司治理结构中的组织模式

合理的公司股权结构只为选择有效的公司治理结构提供了基础和可能，一个有效的公司治理结构的确立，关键在于建立一套与股权结构相适应、责权分明的组织体系。

民营企业治理结构中的组织模式应该这样构建，具体来说：

股份

融资小知识

股份代表了对公司的部分拥有权，分为普通股、优先股、未完全兑付的股权。股份特点：①虚拟股份操作流程、股份的金额性，股份有限公司的资本划分为股份，每一股的金额相等。②股份平等，同种类的每一股份应当具有同等权利。③股份不可分，股份是公司资本最基本的构成单位，每个股份不可再分。④股份可转让，即股东持有的股份可以依法转让。

（1）在组织形式方面：股东大会、董事会、经理会三个领导机构分设，监事会和经理会成员不能相互交叉。

（2）在责权划分方面：股东大会的主要任务是选举董事和完成公司章程规定的其他任务；董事会主要负责对经理会的监督以及人员的任免等；经理会主要负责公司的日常生产经营管理等。

3. 公司治理结构中的经营者调控模式

经营者的劳动是一种复杂的创造性劳动，成功的企业家必须获取较高的报酬，一定要纠正传统体制下盛行的公司经营者与普通职工在收入分配上的平均主义。

从目前实际情况来看，经营管理者收入偏低，因而一定要在与公司效益挂钩的前提下提升经营者的收入。

4. 公司治理结构中的员工模式

民营企业的治理结构模式应该建立工人董事会制度，要把员工放在一个重要的位置，力争实现员工与管理的有机统一，从而有效调动员工参与公司生产经营管理的积极性。

融资小警示

许多企业在刚刚创业的时候，都头脑清醒，步履稳健，可是一遇到大好形势，就头脑发热，大胆盲目扩张。虽然说，这样的雄心壮志固然可嘉，拥有理想追求也无可厚非，但市场是变化的、企业的成长是有规律的。在高速发展时，如果企业一味地追求短期的规模效应和眼前的经济利益，而忽视企业内涵的打造，企业就会处于一种“虚盛”状态。千万不要在产能上较劲，要不断提升自己的内涵和品牌，在质量和效益上多用些力气。

误区九

低估中小企业融资难度，误以为仅靠自己的小圈子就可以拿到资金

四川汉唐集团实业有限责任公司，简称汉唐集团，成立于1997年11月，是集超市连锁、品牌产品代理、肉制品深加工和销售，旅游开发、融资为一体的综合型民营企业集团，下辖五个分公司；拥有员工1052人，拥有资产3亿元。

成立至今的10余年间，汉唐集团的产业涉及了很多领域，比如：商业超市、房地产、旅游开发等。超速发展让汉唐集团一直处于资金紧张状态，汉唐集团开始向供货商借款，后来还成立了专门的投资公司，决定依靠自己的小圈子，向社会公众集资。

杠杆收购

融资小知识

有些公司或个体会利用自己的资产作为债务抵押，收购另一家公司，这就是杠杆收购。交易过程中，收购方的现金开支可以降低到最低程度。换句话说，杠杆收购是一种获取或控制其他公司的方法。杠杆收购的突出特点是，收购方为了进行收购，会大规模融资借贷去支付交易费用，通常为总购价的70%或全部。同时，收购方以目标公司资产及未来收益作为借贷抵押。借贷利息将通过被收购公司的未来现金流来支付。

2008年8月25日，公司法人被警方刑拘，汉唐公司被警方

查封。

汉唐公司之所以会出现后面的结果，主要原因就在于企业在快速扩张的同时，资金链吃紧。为了快速融到资金，公司领导者依靠自己的小圈子融资，结果被逼上高息揽储、非法集资的道路。

汉唐集团的滑铁卢之战源于铁山宾馆的建设。按照规划，铁山旅游风景区项目总体规划投资 5 亿元，从 2006 年 4 月至 2010 年 5 月，分三期投入。其实，汉唐集团从一开始接手铁山宾馆项目就处于资金困难之中，最后不得不通过熟人来融资运作。

事实上，通过自己的圈子集资这种民间借贷方式在我国广大农村地区，尤其是江浙、广东一带一直都很具规模。

有些民营企业误以为仅靠自己的小圈子就可以拿到资金。他们常常低估融资的难度，对出现在面前的个别资金方期望过大，往往以为靠企业主或内部管理人员的私人小圈子就可以拿到资金。这种认识是非常不正确的。

张强今年 52 岁，在案发前是××建设公司的副总经理。2005 年 12 月，张强认识了一家房地产开发有限公司总经理周浩，成为朋友后，周浩请张强帮忙融资 1000 万元建设一栋大厦。

张强告诉周浩，有一家国资公司可以办理融资业务，自己可以为周浩联系时任国资公司总经理的赵庭。周浩对张强承诺，融资借款办成后，给张强 5 万元好处费，给赵庭 45 万元好处费。

接着，张强联系到赵庭，告诉周浩欲从投资公司融资借款及给好处费的意图，赵庭表示同意。

2006 年 1 月，周浩的房产公司从投资公司顺利融资 1000 万元。事成后，周浩将事先约定给赵庭的 45 万元交给了张强，让张强帮忙转交给周浩。同时，周浩也按约定给了张强 5 万元好处费。随后，赵庭受贿的事案发，赵庭和周浩先后被逮捕、判刑。

8 月，检察院以张强犯介绍贿赂罪将其诉至法院。法院审理认为，张强介绍他人向国家工作人员赵庭行贿 45 万元的行为，已经构成介绍贿赂罪，判处有期徒刑 1 年、缓刑 1 年。

企业发展到一定阶段，要实现跨越式发展，往往需要大笔资金的投入，靠自身积累不仅很慢，而且可能彻底丧失未来的机会。

银行融资，一般中小企业都有很大的难度，涉及担保、抵押等一系列政策限制，费时、费力，融资成本也高。其实，完成一次融资需要完成很多基础工作，才能达到最佳效果。一般来说，一次完整的融资服务主要包括以下内容。

一、财务顾问

如果没有财务顾问，融资工作是很难进行的。除非企业已经经过由证券业资质会计师事务所的专业审计，并被出具无保留意见报告。中小企业的财务基础往往很薄弱，不摸清自己的家底，会使融资谈判陷入被动。财务顾问工作可以彻底摸清企业的家底，据此确定谈判的策略。

二、尽职调查工作

这部分工作是融资的基础工作，可以彻底搞清企业的历史沿革、出资情况、税务问题、组织架构、团队情况、市场策略、竞争情况等。详尽完整的尽职调查工作，不仅有利于企业发现是否存在严重的法律风险，是否存在致命的瑕疵，还可以了解到哪些问题是可以解决的。

三、商业计划书

商业计划书是企业融资谈判的基础，一份编制精良的商业计划书能迅速打动投资者，有利于达成最终交易。

四、寻找投资者

企业不应该只以融到现金为目的，还要充分考虑投资者是否能给企业带来除现金以外的好处，比如：产业链的整合机会、市场机会、行业整合并购机会以及对将来上市是否有帮助等，这些都是要考虑的因素。企业所处的环境和条件不同，侧重点也会有所不同，因此，真正优秀的企业对投资者也是有要求的。

五、参与融资谈判

最终能否成功融资，以及按什么条件融资需要通过反复谈判，这需要经验、技巧、对投资者的了解和对项目的把握。最好事先找一个比较好的财务顾问或是相关的咨询服务公司，帮你做个系统全面的分析，帮你完成融资。

融资小警示

有些民营企业误以为仅靠自己的小圈子就可以拿到资金。他们常常低估融资的难度，对出现在面前的个别资金方期望过大，往往以为靠企业主或内部管理人员的私人小圈子就可以拿到资金。这种认识是非常不正确的。银行融资，一般中小企业都有很大的难度，涉及担保、抵押等一系列政策限制，费时、费力，融资成本也高。其实，完成一次融资需要完成很多基础工作，才能达到最佳效果。

误区十
不愿意花钱请专业的中小企业融资顾问

李辉经营着一家服装企业，为了发展，打算融资。在项目融资中，李辉认识了号称有巨额资金正选择项目投资的美国 ML 国际投资集团公司北京代表处。初步洽谈后，ML 北京代表处就引导李辉签订投资意向书，并要李辉花费 35000 元指定×××国际投资管理中心做项目投资价值分析报告。

几天之后，ML 北京代表处又要求李辉出资 19 万元到其指定机构×××评估公司做资产评估。李辉觉得可疑，对美国 ML 国际投资集团的投资实力与资信进行了查询，却查不到公司背景资料、投资案例、投资实力。李辉感到受骗了，不再继续出钱做资产评估。

后来，李辉带着那份“投资价值分析报告”来上海咨询。融资专家看了报告后，发现这份报告根本没有实用价值，制作水平粗劣，内容东拼西凑，很不规范，没有时效性。

案例中的骗局是怎么发生的?

其实，类似的融资诈骗现象在全国各地屡见不鲜。一旦遇到缺少发展资金的中小企业，那些自称为“国际投资集团”“世界财团”“基金公司”的骗子公司就会以“很快就要投资了，还差一个报告”为诱惑，让他们到指定机构做“商业计划书”“投资价值分析报告”“尽职调查报告”“资产评估报告”“法律见证”等看起来似正规融资文件，被骗金额少的几万元，多则数百万元，使被骗企业苦不堪言。

不可否认，正常的融资过程中，确实需要“商业计划书”等融资文件，可是正规的投资公司不会指定专门的机构为融资方写“商业计划书”。其实，不管由谁来撰写商业计划书，关键是写得清楚、说得明白。

骗子公司就是利用国内企业对国际融资要求不清楚而借机诈骗。如同打官司要请律师一样，融资也该请专业的顾问机构来帮忙。对于没有融资经验的企业负责人来说，简直就是隔行如隔山；如果贸然行事，难免会走弯路。

买壳上市

融资小知识

又称“后门上市”或“逆向收购”，一些非上市公司为了成功上市，会购买一家上市公司一定比例的股权来取得上市的地位，然后注入自己有关业务和资产，实现间接上市的目的。由于受所有制因素困扰，民营企业无法直接上市，很多时候，买壳上市是民营企业的较佳选择。

融资专家，不仅会帮助考察企业是否具备融资可能性，还会在详细调研企业情况后，设计几套融资方案，与企业负责人讨论修改，以最终确定的方案作为实施计划。

民营企业都有很强的融资意愿，但真正理解融资的人很少，总希望打个电话投资人就把资金投入企业，把融资简单化，不愿意花钱聘请专业的融资顾问。也有不少人认为融资只需写个商业计划书，图便宜随便找个机构或个人甚至学生来写，也不管他是否有融资的经验和融资的渠道，只要价格低。这种认识是错误的！

一、企业需要不需要融资顾问

其实，很多成功运营的企业都有自己的融资顾问（也有的叫财务顾问），他们往往也是在自己融资困难重重之后认识到融资顾问的重要性。可是，有些民营企业一相情愿地认为，融资是一件很简单的事情，关键在于企业和投资方是否能对上眼，只要二者互相看上了，就行了，根本不需要融资顾问；或者说，融资顾问起的作用有限，不值得花那个钱。

其实不然。融资是一个系统工程，有了融资顾问会为企业省去很多的麻烦，他们会比企业自己更能有的放矢；而且，好的融资顾问会在很多关键点上帮你把关，和投资商的沟通也会更顺畅些，成功的可能性自然也更高。所以，找个合适的融资顾问还是非常重要的。

二、企业需要怎样的融资顾问

融资顾问其实是公司的紧密合作伙伴。因为在融资过程中，融资顾问需要对企业有非常全面的了解，融资顾问要相当了解公司，在某种程度上会比投资商更了解，所以找个合适的伙伴，毫无疑问是值得花点精力的。简单来说，这个过程也是一个“去伪存真，去粗取精”的过程。

第一，公司必须明确自己需要什么样的增值服务。看看自己处在什么阶段，融资的目的是什么，自己具有哪些资源，还缺什么，这样才能有的放矢地去寻找合作伙伴。

第二，如果公司对这个行业确实比较陌生，可以多和顾问们谈一谈，看看他们如何看待这个行业，能为公司做哪些事，这样心里也会比较有谱。同时，如果身边有朋友和顾问机构合作过，听听他们的建议，那是再好不过了。

特别需要说明的是，融资的过程其实就是交朋友的过程，对投资商如此，对顾问机构一样如此，所以个性上要比较合拍，这个特别重要，不然合作起来会特别不舒服。

三、融资顾问帮你干什么

融资顾问是要花钱的，所以一定要清楚他们能帮到公司什么。

一般来说，融资顾问至少可以帮公司：

（1）整理融资需要的文件和材料。

（2）探讨公司发展策略，探讨公司价值。好的融资顾问和投资机构一样，他们一般都看过很多企业，所以可以从更宏观的角度来看待公司，协助对未来进行规划。公司估值是个讨价还价的过程，所以顾问只能协助，并不能决定，除非公司已经有明确的区间。

（3）推荐合适的投资机构。不同的投资机构投资不同的阶段、行业，有着不同的风格，有了顾问机构的帮助，公司就不用病急乱投医了。

（4）和投资机构的沟通。投资机构不一定愿意把他的顾虑都直接和公司讲，但如果有融资顾问在中间，效果可能就不一样了。

（5）在一些关键合作条款上的把关。虽然法律条文是律师的事情，但商务部分律师未必懂行。

（6）寻找问题的解决方案。每个公司在融资时都会碰到不同的问题，一个问题没解决好，可能就走不下去了。有的问题是关键问题，有的问题并不是，所以顾问的执行能力特别重要。遇到问题时，投资顾问能够帮助我们提出解决方案，或者和各方共同协商解决方案，把事情往前推进。

上面说的几方面只是一些通用点，不同的顾问机构其实会有不同的优势。有的顾问机构人多，接的项目也多，看起来非常忙，但花在每个项目上的时间精力并不多；有的机构的投资商资源丰厚，但仅止于推荐联系，很难深入；有的机构人少，看起来并不兵强马壮，但每个案子都做得很扎实；有的机构强于技术性项目，有的强于传统产业的整合；有的机构强于早期阶段，有的强于后期阶段。所以，企业一定先看自己需要什么，再找比较匹配的顾问机构。

而且，找了融资顾问机构，并不意味着公司可以撒手不管了。要知道，投资人是把钱给这家公司，最终还是看公司的前景、公司的团队，领导者不可能做甩手掌柜，关键问题还需要公司自己的团队出来谈，来作决策。

另外，虽然融资顾问也叫财务顾问，但并不是所有财务的事情都可以交给融资顾问搞定，不同财务顾问之间也还是有分工的，如：公司内部理账、外部审计，一般情况都会需要另找服务机构。

融资小警示

民营企业都有很强的融资意愿，但真正理解融资的人很少，总希望打个电话投资人就把资金投入企业，把融资简单化，不愿意花钱聘请专业的融资顾问。也有不少人认为融资只需写个商业计划书，图便宜随便找个机构或个人甚至学生来写，也不管他是否有融资的经验和融资的渠道，只要价格低。这种认识是错误的。融资专家，不仅会帮企业是否具备融资可能性，还会在详细调研企业情况后，设计几套融资方案，与企业负责人讨论修改。

第三章

国有企业融资误区

——财大不一定气粗

国有企业是行业的老大，由于有国家的支持，因此往往更容易融到资金。可是，财大不一定气粗，有些国有企业也会让自己陷入融资的误区：

有的国有企业认为，资本市场提供直接融资能够有效降低国企负债；

有的国有企业认为，国家应该对上市公司实行控股经营；

有的国有企业觉得，只要做份融资战略，就能融到钱；

……

虽然这些国有企业算计得很好，可是也可能聪明反被聪明误！

误区一
资本市场提供直接融资能降低国企负债

20 世纪 80 年代中期以前，我国国有企业的融资主要靠财政拨款，可是随着拨改贷的施行，国有企业的资产负债率出现了不断上升的趋势，比如：1980 年，国有工业企业资产负债率仅为 18.7%，到了 1990 年这个比率已经上升到 58.4%，目前我国全部国有企业负债率为 80% 左右。

现实中，很多学者、专家、政府官员不断利用传媒来强调国有企业的困难，认为国有企业资产负债率太高，在很大程度上导致了企业的亏损；并认为在当前条件下通过资本市场为国有企业提供直接融资可以把国有企业从困境中解救出来。

其实，我国的国有企业资产负债率并不很高，是否有必要使国有企业的直接融资比重上升也是值得讨论的。在西方，一些发达国家如日本、德国、意大利等，企业的资产负债率并不比我国的国有企业资产负债率低，比如：日本非金融类企业的资产负债率高达 84.4%，德国为 77.5%，意大利为 69.5%，法国为 68.4%。即使对资本市场高度发达的美国来说，其企业资产负债率也高达 53.9%。

留存盈余

融资小知识

这指的是，商业银行的税后利润中扣除优先股股息、普通股股息之后的余额。留存盈余是商业银行普通股股东权益的重要组成部分，商业银行在进行年终结算时，一般不会把全部利润作为投资收益分给股东，总是会留下一部分作为留存盈余，用于商业银行扩大经营、增强流动性、偿还债款，或者为营业中可能发生的损失预先做准备等。因此，商业银行的留存盈余实际上是每年未分配利润的积累，是其进行资本内部筹集最便捷的方式。

可见，我国的国有企业资产负债并不算高。如果考虑到我国企业资产评估中的土地增值因素，我国国有企业资产负债率与发达国家比较起来可能只算是中等。从世界发达国家的企业来看，企业融资所占的比重到底是直接融资呢？还是间接融资？答案无从知晓。

从20世纪90年代开始，英国和美国企业已开始倾向于从银行借款，他们不会选择通过股票市场来融资。在股票市场最为发达的美国，股票融资也只占整个资金来源的0.8%；企业的资金需求主要是以内部积累为主，其次是债务融资，最后才是发行股票。资料显示，最近几年，美国新股发行占GNP的比重在负增长。

过去，我国虽然在一定程度上忽视了资本市场的发展，可是今天却出现了一股长久压抑之后的爆发倾向。国有企业在直接融资、间接融资的把握上，应该有一份清醒的认识。

盲目的直接融资行为是一种败德行为，体现了对自身利益的追求。今天，我国国有企业对上市融资一般都带着免费资本的幻觉，一定要尽快纠正过来。

我国的国有企业的主要问题并不是债务问题，从某种程度上来说，资产负债率的高低代表了企业的经营水平。如果一个企业的经营水平高，其资金回报率就会高；反之，则低。只要这个回报率高于利息，企业的资产负债率越高，企业就越能获得高的收益。

可是，我国的国有企业高资产负债率的前提，并不是企业高效运作资产。企业资产的收益率甚至还赶不上利息，浪费了大量的社会资产。而我国的民营企业，想借钱却借不到，即使融到了资金，其所支付的成本也要比银行放款利息高出很多。

其实，从高资产负债中，我国国有企业获得了大量的收益。资料显示，1995 年年底，国家银行放贷总额为近 4 万亿元，其中 70% 贷给了国有企业，即 28000 亿元。如果当年贷给国有企业的平均利息比市场利率低 8 个百分点，那么该年度国家银行通过优惠贷款给国有企业的利息补贴就是 2240 亿元。

到今天，改革开放已经有 30 多年，我国金融资产的 80% 全部流向了国有企业，而对国民经济作出贡献最大的非国有企业却只占了全部金融资产的 20%。如此巨大的反差，不得不让我们思考。因此，国有企业的主要问题并不是债务问题，要通过资本市场为国有企业“输血”。如果一味地在其他深层次问题上寻找对策，一段时间后国有企业的资本负债率还会上升。这种情形，已经出现在了很多我国上市公司身上。

国有企业改革的核心症结，主要在于资本市场发展存在缺陷。国有企业改革要想取得实质性的进展，就要将自己的目标定在资本市场。

圈钱

所谓的圈钱，简单地讲，就是把不属于自己的钱，通过某些貌似合法的手段套到自己口袋中。这种行为在方式上和传统违法犯罪中的盗窃、抢劫、诈骗存在明显区别，业界将它们统称为圈钱。圈钱行为广泛发生在我们的日常生活中，但最为集中的爆发地当属金融资本市场。由于我国金融资本市场法律法规不健全、监管不到位，因此，一些企业经常会不顾投资人利益实施恶意圈钱。

融资小知识

要不断完善资本市场的自身功能，为国有企业开辟新的资金源，降低高负债率；要不断发展资本市场的自身功能，逐渐完善企业的股权结构和法人治理结构，使融资机构得到改善，提高国有企业的绩效；要通过流动性功能的加强，促进企业产权重组。

国有企业改革对资本市场发展的基本要求是完善与创新，如何来实现这一点呢？

一、以资源配置为核心，完善资本市场的功能

1. 正确认识资本市场的融资功能，支持对国有大中型企业融资

虽然融资功能被过分重视以至于扭曲为“圈钱”，但我们仍然要重视利用这一功能，为高负债又急需发展资金的国有企业开辟新的资金来源。

关键在于两点：

（1）要把从资本市场融资作为推动融资结构、融资体制转变的

契机，推动企业的产权结构和法人治理结构的转变；

（2）融资支持要向国有大中型企业倾斜，在资本市场上同样要体现“抓大放小”；要加大国有大中型企业的上市公司的比重，培育一批成长性好、竞争力强、符合国家产业政策和结构升级要求的大型公司上市，强化其在资本市场中的主体地位；抑制投机，降低市场总体市盈率，减少泡沫，稳定市场。

红利

融资小知识

指上市公司在进行利润分配时，分配给股东的利润。一般来说，每10股派发××元，股东在获得时，还要扣掉上交税额。在美国，大多数公司发放现金红利数额约占公司税后净利的40%～60%。公司红利发放时间大都是按季度进行，每一季度分发一次；如果还有多余，公司还可以在某一时候追加发放。

事实证明，只要把握好上面的这两点，就可以将利用资本市场支持国有企业发展与提高全社会资本资源配置效率这两大目标有机地协调起来。

2. 完善资本市场的监控功能，建立有效的公司法人治理结构

资本市场对上市公司监控功能的发挥，是建立在企业存在一个有效的法人治理结构基础上的。法人治理结构是国有企业进行公司化改革、建立现代企业制度的核心所在，因此，建立并强化公司治理结构，是当前我国资本市场发展与国有企业改革过程中一个需要解决的问题。

如何来要解决这一问题呢？

（1）解决国有股的产权主体问题，真正确立一个能对国有资产负责的持股主体；

（2）改变股权过度集中的状态，在国有企业中引入一个培育其他经济成分的产权主体，逐步减持国有股，放弃对个人持股的限制，逐步让比国家更有效率的自然人成为企业的投资主体；

（3）逐步统一分割资本市场，解决国有股最终全部流通的问题，完善所有者的控制权。

3. 进一步提高资本市场的流动性，促进国有企业重组

首先，要逐步使国有股权在减持的基础上流动起来，这既是国有资产保值增值的需要，也是资本市场规范发展的必然要求。没有国有股权的流通，存量资产的优化重组就无从谈起，资本资源的高效配置也就实现不了。

其次，要鼓励国有企业依托资本市场，采用兼并、收购、租赁、托管、联合等多种方式进行重组和资本经营，实现全新意义上的规模集中。从而优先发展基础产业、培育战略性产业，调整产业结构，逐步形成有国际竞争力的企业群和产业群。

最后，在对国有企业上市改造特别是重组的过程中，要逐步建立投资银行体制，发挥其不可替代的作用。投资银行不是一般的商业银行，它的重要功能是为企业上市提供服务，包括作为企业的财务顾问，为企业上市融资充当保荐人和承销商，并为企业的兼并、收购、改组、分拆、股权转让、置换等活动提供顾问服务与融资安排，参与国有企业的重组活动，更好地促进资本市场配置资本资源作用的发挥。

二、以创新为动力，推动资本市场的全面发展

1. 制度创新

制度创新的核心是全面推进资本市场的市场化进程，全面引入竞争机制，把该由市场决定的事情交给市场去办，让市场自主地决定进入和退出、扩张与收缩、分化与组合等问题，切实让市场成为稀缺的资本资源最合理、最充分、最有效配置的场所。

同时，要全面调整各个市场主体的角色定位问题，特别是要改变政府对资本市场和上市公司的过度行政干预。在市场化不断推进的过程中，不仅要调整好监管部门的行为，建立起有效的监管秩序，还要确保公平、公正、公开和公信“四公原则”在市场中的彻底贯彻。

当然，有关市场健康发展的金融制度、公司制度、会计制度和法律制度的建设，也是资本市场制度创新的题中应有之意。

证券投资

融资小知识

指投资者（法人或自然人）购买股票、债券、基金等有价证券以及有价证券的衍生品，获取红利、利息和资本利得的投资行为，是间接投资的重要形式。证券投资原则：效益与风险最佳组合原则；分散投资原则；理智投资原则。

2. 组织创新

首先，要健全法制建设，强化执法的监督检查，建立健全行业的自律性组织，充分发挥其自我管理和自我约束的作用，统一资本

市场的监管体系，协调各部门的监管责任，提高监管机构的权威性，从组织上保障资本市场的健康、有序、规范发展。

其次，适应市场经济发展的内在要求，塑造多层次的资本市场体系。积极研究、制定发展场外交易市场的战略，对业已存在的产权交易中心、证券交易中心等各种初级、原始形态的场外交易市场进行整顿，将其纳入规范化发展的轨道，尽快推出创业板市场，以形成覆盖全国的多层次交易网络体系，满足市场上不同主体的需要。

3. 结构创新

在债券市场上，加大企业债券的发行力度，推动国债的品种、期限、利率结构的多样化发展。

在股票市场中，改变畸形的股权结构，逐步解决国有股不能上市流通转让的问题；改变单一的投资者结构，大力发展包括证券投资基金、社会保障基金、保险基金在内的各种机构投资者；改善上市公司的行业、区域和规模结构；调整券商的经营结构等。

4. 工具创新

工具的创新意味着业务的创新，业务的创新意味着市场的创新和发展，在这方面我国资本市场有着广阔的发展潜力，比如：开放式国债投资基金、零息债券、可换股债券等都是大有可为的创新领域。

融资小警示

盲目的直接融资行为是一种败德行为，体现了对自身利益的追求，一定要尽快纠正过来。从某种程度上来说，资产负债率的高低代表了企业的经营水平，如果一个企业的经营水平高，其资金回报率就会高；反之，则低。只要这个回报率高于利息，企业的资产负债率越高，企业就越能获得高的收益。国有企业改革的核心症结，主要在于资本市场发展存在缺陷，要想取得实质性的进展，就要将自己的目标定在资本市场。

误区二
国家应该对上市公司实行控股经营

今天，我国的上市公司绝大多数都是由原来的国有企业脱胎而来，股份公司70%的资产属于国有股、法人股，而这两类股份是不能流动的，国家仍然控制了上市公司。由于国家处于绝对的控股地位，与原先的国有企业比较起来，企业的经营管理人员管理方式也只得到一点改善，总体来说并没有太大的变化。

在我国，上市公司一般都是有内部人控制的，董事、董事会往往都是一种虚设。这些董事们并不真正拥有企业的产权，他们与企业的经营人员、内部员工实际上还是利益共同体。有些公司的董事长与总经理甚至就是同一人。

这些企业管理人员一方面作为国有资产的负责方，代表国家管理企业；另一方面，他们又是现代企业的法人代表，拥有企业的财产处置权。从这个意义上来说，上市公司既可以作为内部人作出有损于国家大股东的利益的事情，也能够以国家大股东的名义来损害社会小股东的利益。

其实，随着我国企业的改革深化，企业对自身财产的处置权已越来越大，上市公司工资、福利侵蚀利润的现象也越来越严重。有些上市公司任意改变募股资金投向，决策随意，很多资金得不到有效运作。资料显示，1998 年以前上市的公司，1/3 处于亏损状态，甚至还有一些上市公司早已资不抵债了。可见，通过资本市场的竞争来提高上市公司的经营管理所起的作用，在一定程度上还是相当有限的。

国家对上市公司的绝对控股地位对整个社会的资源配置产生了重要的影响。新中国成立以来，我国的国有企业积累了大量财富，可是在市场化的条件下如何才能让这笔财富最大限度地发挥其保值、增值作用呢?

募股

募股是在创立公司时，公司发起人发放股份供股东认购的行为。募股，顾名思义就是募集股份，可以分为公募和私募。其实，发行股票就是公募。私募就是不通过公开渠道（交易所等），募集资金发行股份。私募，在国外很常见，在中国却是管理严格；如果募集对象太多，就是非法集资。

融资小知识

虽然说，资本市场的发展为国企调整产业结构、变现不良资产提供了条件，但是我国上市公司的资产大多数不能流动，资本市场如果要发挥重组企业、调整产业结构的作用，不仅不利于收购、兼并等重组企业和调整结构的资本营运，资源的优化也会受到极大的限制。

而且，我国国有企业资源配置的优化是出现在整个社会资源配置优化大环境之下的，国企通过资本市场大量吸收社会资产，会降低整个社会的资源配置效果。

如果说计划经济条件下国家对整个社会经济的控制体现在对物的控制上，那么现阶段国家通过资本市场为国企融资则体现在国家对“钱”的控制上。这是另外一种形式的计划经济，只不过与传统计划经济体制比较起来相对隐蔽罢了。要想从全社会角度实现最大限度的资源配置，必须尽快把民营企业的融资条件放到与国企平等的地位上来。

国有企业的兴衰关系到整个社会的进步，关系到国民经济能否持续、快速、稳定地发展，绝不能“一股就灵”，国企的深层次矛盾还在于企业的内部治理结构和产权关系。如果不明确这一点，以国企为主导的资本市场必将误入歧途，不久的将来会暴露出很多的问题，不可小觑。

在明晰产权关系的基础上，建立有效的公司法人治理结构，是我国国有企业建立现代企业制度的关键问题。虽然我国多数国有企业改组为股份制后已经建立了公司法人治理结构，但还存在很多问题，比如：职责不清、构成不合理和缺乏科学的工作制度等。

那么，如何才能使公司法人治理结构真正发挥应有的效能呢？为了实现这一点，必须从以下几个方面进行规范和完善。

一、认清法人治理结构的主要特征

所谓法人治理结构，是指现代企业所应具有的科学化、规范化的企业组织制度和管理制度。它主要由股东会、董事会和监事会三个机构组成。

票据贴现

融资小知识

资金的需求者，将自己手中未到期的商业票据、银行承兑票据或短期债券向银行或贴现公司要求变成现款。银行或贴现公司（融资公司）收进这些未到期的票据或短期债券后，按票面金额扣除贴现日至到期日的利息后付给现款，到票据到期时再向出票人收款。

通常来说，有效的法人治理结构，具有以下几个明显特点。

(1) 股东是企业的出资者，不仅可以通过股东代表按出资比例或股份行使表决权，还能参与公司的重大决策，体现了企业主人翁的地位。

(2) 依照法律规定和公司章程，公司经营者能够享受充分的法人财产权和日常生产经营管理自主权，能努力实现企业所有者对公司的期望。

(3) 国家作为企业的长期投资者选派监事，职工也通过职工代表大会选举监事，共同组成企业监事会，能够实现政府和职工对企业经营者的有效监督。

这种组织管理制度，通过企业内部权力机构、决策执行机构和监督机构的相互激励和相互制衡，使企业所有者、经营者和生产者各自独立、权责分明、相互制约，从而在企业内部建立起激励机制和约束机制，既可以保障所有者的权益，又赋予经营者以充分的经营自主权，同时还能调动生产者的积极性，完全符合现代企业制度“产权明晰、权责明确、政企分开、管理科学”的基本要求。

二、严格法人治理结构的事权划分

完善企业法人治理结构，必须合理界定股东会、董事会、总经理层和监事会的职责范围，以便各司其职，协调一致地开展工作。

根据我国《公司法》规定，公司股东会是企业的最高权力机构，主要有四个方面的职权：

（1）人事权，负责选举、罢免董事会和监事会成员；

（2）重大事项决策权，如：批准和修改公司章程、财务预决算方案和决定公司经营方针、投资计划；

（3）受益分配权，批准公司利润分配方案；

（4）股东财产处置权，决定企业的合并和解散等。

——董事会。是企业的决策机构，对股东会负责，主要职责有：执行股东会的决议，制订企业经营目标、重大方针和管理原则，提出赢利分配方案供股东会审议，任免经理人员并决定其报酬。

——总经理层。是执行机构，对董事会负责。企业生产经营实行总经理负责制，由总经理全面领导和统一指挥。总经理的主要职责是：执行董事会决议，主持企业的日常业务活动，任免下层经理人员、并决定其报酬，定期向董事会报告企业的业务开展情况、提交年度报告。

——监事会。是企业的监督机构，对股东会负责，主要职责是：依法和依照企业章程对董事会和总经理行使职权的活动进行监督，审核企业的财务状况，对董事会成员和总经理的任免、奖惩提出建议。

在企业法人治理结构中，除了各部门之间这种横向的职权限定关系外，从产权关系上看，还存在着一种纵向的财产负责关系，即：

股东会对董事会委托代理、董事会对总经理授权经营、监事会代表股东会对财产的受托人实行监督。正是这种纵向的财产负责关系和横向的职责限定关系，构成了公司内部的约束机制。从而，形成了一个有机的利益共同体。

抵押担保的特点

第一，抵押人可以是第三人，也可以是债务人自己。在保证担保中，债务人自己不能作为担保人。第二，抵押物既可以是动产，也可以是不动产。第三，抵押人不能转移抵押物的占有，抵押人可以继续占有、使用抵押物。第四，抵押担保以抵押权人（债权人）行使优先受偿权而实现。第五，抵押权的行使必须以债务人不履行债务为前提。

融资小知识

三、坚持法人治理结构的建立原则

建立和完善企业法人治理结构，必须根据《公司法》的规定和建立现代企业制度的基本要求，坚持以下原则。

（1）董事会、总经理层和监事会成员一般分设，特别是董事长不应兼任总经理，以保证出资者和董事会、董事会和总经理层相互间信托、委托和监督关系的确定。考虑到一些大中型企业的特殊情况，并保证企业领导人员的稳定过渡，也可以在一定时期内兼任总经理，待条件成熟后，再另行聘用。

（2）为发挥党组织在企业的政治核心和保证监督作用，党委书记要通过法定程序进入董事会，可兼任董事长职务。党委其他成员也能够进入总经理层或监事会，特别是纪检书记可进入监事会，并兼任监事会主席。

（3）通过职工代表大会选举职工代表董事和监事，从而有效调动职工民主管理和监督的积极性，保证广大职工的合法权益。但人数要有限定，不能过多。在选举过程中，要着重考虑本人参与决策的能力。

（4）政府作为国有企业的出资者，有权也有必要在企业改制过程中，派出国有股权代表参加企业的董事会。同时，要派出监事会成员，以保证国有资产的保值和增值。

（5）企业领导成员任免的时候，坚持党管干部与依照《公司法》和企业章程办事相统一的原则，积极探讨相互衔接的新路子。

四、确定法人治理结构的人员组成

公司股东会、董事会和监事会的人员组成，依据《公司法》、公司章程和有关干部管理的规定设置并确定，股东会由全体股东组成。

在股份有限公司中，股东是指有该公司股票者；在有限责任公司中，股东是指认购该公司股份者。国有独资公司不设股东会，由国家授权投资的机构或者国家授权的部门，授权公司董事会行使股东会的部分职权。

董事会的组成人员董事，由股东会议选举产生和任免。董事可以是股东，也可以是非股东，应为自然人。

法人为公司股东的，要委托自然人代理法人单位参加董事会；公司国有股权代表和国有独资公司的董事会成员，由国家授权投资的机构或者国家授权的部门按照董事会的任期委派或者更换。

一般来说，有限责任公司董事会成员为 3～13 人，国有独资公司 3～9 人，股份有限公司 5～9 人。董事长由董事会选举产生，一般为公司法定代表人。国有独资公司的董事长和副董事长，可由政府有关部门从董事会成员中指定；总经理由董事会聘任或者解聘。

根据我国现行法规的规定，监事会成员不得少于 3 人。股份有限公司监事会中 1/3 以上，但不超过 1/2 的监事会成员和有限责任公司 1/2 的监事会成员，由职工代表担任，公司职工通过民主程序推举和罢免。其余由股东会议选举和罢免。

公司不设股东会议的由股东委派和罢免。

监事会主席由全部监事的 2/3 以上选举和罢免，不得兼任董事、总经理和其他高级管理职务。

五、制订法人治理结构的工作制度

不仅要严格公司法人治理结构事权划分，合理界定股东会、董事会和总经理层、监事会的职责范围，还应根据《公司法》和公司章程规定，制订法人治理结构的工作制度，以便处理在具体事务中出现的交叉、重复和相互扯皮问题，使法人治理结构走上规范化运作的轨道。

法人治理结构运作的主要形式是召开重要会议决定重大和重要事项，处理重要文书。因此，必须明确法人治理结构的主要会议是股东会议、董事会会议、总经理办公会和监事会会议，并严格制订各种会议的议事规则，对各类会议的召集、参加及列席范围、议事内容、表决程序、决议实施监督等各个方面和环节做出具体的规定。

同时，还应根据公司特点设置公文种类，规定行文关系，对董事长和总经理阅批签发公文范围进行合理界定。

在决策程序上，一般应按总经理办公会直接决定、总经理办公会研究提交董事会决定、董事会直接决定、董事会研究提交股东会或出资者决定四个层次，分别根据事权划分进行决策。

融资小警示

国有企业的兴衰关系到整个社会的进步，关系到国民经济能否持续、快速、稳定地发展，绝不能“一股就灵”，国企的深层次矛盾还在于企业的内部治理结构和产权关系。如果不明确这一点，以国企为主导的资本市场必将误入歧途，不久的将来会暴露出很多的问题，不可小觑。在明晰产权关系的基础上，建立有效的公司法人治理结构，是我国国有企业建立现代企业制度的关键问题。

误区三
做好融资战略，就能融到钱

企业融资战略是企业发展战略的重要部分，可是经常被我国企业所忽视。从另一个层面上说，在没有企业发展战略的企业类型中，制定切实可行的融资战略，对于寻求外来资金推动企业发展和扩张，仍然是必要的。

回购

融资小知识

又称补偿贸易，是指交易的一方向另一方出口机器设备或技术的同时，承诺购买一定数量的由该项机器设备或技术生产出来的产品。这种做法是产品回购的基本形式。有时，双方也可以通过协议，由机器或设备的出口方购买进口方提供的其他产品。回购方式，不仅做法比较简单，而且有利于企业的成本核算；因此使用较为广泛。

在南方，有一家小型国有企业，该国有企业的注册资本为100万元人民币，主要生产卷烟用纸材料。2005年中期，这家企业和国外一家卷烟用纸巨头、我国烟草总公司、广东烟草公司签订合资协议，四家共同成立一个高档卷烟用纸的合资企业，总投资为1亿美元，注册资本约为3340万美元，其余投资由合资企业在投资建设和经营过程中融资解决。

这家企业在合资企业中的股权比例为15%，对应投入的注册资本约为500万美元。这个项目的建设期为两年。项目投产后，合资企业的年度利润约为1.8亿元人民币，这家国有企业每年可获得1800万元的平均投资收益。

这家国有企业计划融资5000万元人民币，借款期限15年。在投产以后的年度会计决算后，逐年用项目收益偿还借款；根据该国有企业签署合资企业的出资协议办理用项目收益还款的保证协议书和公证事项。

不可否认，这是一个非常错误的融资战略方案设计，完全忽视了资本市场运行的基本逻辑和资金方的目的需求和价值取向，具体来说：

（1）任何一个投资机构都不会同意借款被用于股权投资；

（2）任何一个投资机构都不会作长达15年的长期借款，法律上也不允许；

（3）任何一个投资机构都不会接受以协议中的投资收益（股权收益）作为借款的还款保证；

（4）该国有企业的投资大大超过《公司法》规定的对外投资不能超过注册资本的50%上限，很可能导致投资无效。

其实，这家国有企业完全可以这样做：

（1）采取基于股权基础的财务融资的综合融资模式和方案；实际上仍然为借款，只不过是采取了股权投资合作的方式；

（2）借款年限确定在3~5年，期满可续；

（3）由该国有企业与资金方共同成立一家新的公司来对合资企业出资；

（4）以新公司的股权以及其在合资企业中拥有的股权作为融资资金和资产安全与控制的保障；

（5）根据年限逐笔偿还借款资金和份额，当做是同该国有企业回购新公司的股权；

（6）期满后，可以将回购的股权质押给资金方（作为还款项的保证），或继续进行外部融资（更低成本的资金）来偿还该借款。

（7）在借款资金偿还完毕前，新公司的股权可以由信托机构或相关资产管理机构托管（包括回购）；

（8）资金方违约不同意退出新公司的股权时，视为向该国有企业购买该项目和投资的权益，应当向该国有企业支付股权及项目溢价款项及违约金。

融资小警示

企业融资战略是企业发展战略的重要部分，可是经常被我国企业所忽视。从另一个层面上说，在没有企业发展战略的企业类型中，制定切实可行的融资战略，对于寻求外来资金推动企业发展和扩张，仍然是必要的。

第四章
中小企业融资误区
——企业差钱才融资

中小企业在发展过程中，也需要融资，可是他们却在认识上出现了错误：

有的中小企业认为，企业之所以要融资主要是因为缺钱了；

有的中小企业认为，如果自己的企业有着足够的资金，就不需要融资；

有的中小企业认为，自己涉足的行业相当不错，企业也很赚钱，不需要融资；

有的中小企业认为，自己的专利技术、项目足够好，一定能融到资；

有的中小企业认为，融资只是为了解决资金紧张；

……

其实，不仅企业缺钱的时候需要融资，企业发展良好的时候更要有融资的打算。融资是伴随在企业发展的长期过程中，并不是一时缺钱而做的。

误区一
企业资金足够了，不需要融资

所处行业很好，企业也赚钱，还需要融资吗？当然，这样才会迅速发展。

目前，很多中小企业融资普遍存在一个误区，认为资金足够了，就不需要融资了。这样的企业一般都比较乐观，往往小看了融资的必要性。

茅台是白酒业的老大，从来就“不差钱”，可是，20世纪90年代，由于亚洲金融危机和山西假酒事件的影响，它才发现企业抵挡风险能力不高，业绩一度被“五粮液”反超。随后，茅台酒上市，在酒类及饮料行业中，总市值多年位居首位。

企业家们不要等缺钱的时候，再想到融资问题，投资人总是“嫌贫爱富”的，中小企业看重的往往是企业未来的发展和收益，而不是目前的净资产。可喜的是，一些传统行业，如餐饮行业中的“小肥羊”，服务业的“家富富侨”“如家酒店”等，已经认识到了这一点，都争取到了可观的扶持资金。

2006年7月，内蒙古**小肥羊**餐饮连锁有限公司在包头与3i、普凯正式签署了合作协议，成功引进2500万美元，由此，小肥羊成为我国第一家引进外资的餐饮连锁企业，也是内蒙古地区继蒙牛之后第二家民间大额引资成功的企业。

在这之前，一直与小肥羊接触的国外投行有近20家，其中不乏摩根、高盛、凯雷等这些大财团。这些财团都是主动与小肥羊接触的，出手大方，其中四家都已签订了投资意向书，但是最终小肥羊选择了3i和普凯。小肥羊看中的是3i能带给小肥羊很多国际化理念。

商业信用融资

融资小知识

商业信用融资是指企业之间在买卖商品时，以商品形式提供的借贷活动，是经济活动中的一种最普遍的债权债务关系。商业信用的存在对于扩大生产和促进流通起到了十分积极的作用，但不可避免的也存在着一些消极的影响。

3i集团选择小肥羊的原因很多，其中包括其成功的业务模式和我国餐饮市场的快速增长，以及小肥羊的管理团队和勤勉敬业、志向远大的企业文化。他们加入的目标是“不遗余力帮助小肥羊打造世界级的中餐品牌”。

对于2000万美元参股之后，3i集团是否会追加投资，3i集团副总裁表示：如果小肥羊有资金需求，3i集团会考虑进一步投入资金。

除了政府支持、银行贷款、风险投资外，一些新型的融资渠道，比如：资产证券化、信托融资、售后回租、应收账款保理等，都值得企业尝试。

企业在什么阶段融资最合适？不要从创业第一天起就想着融资，

在没有赢利之前也不要去想。做企业，首先要想到的是没有融资我也能赢利，等你赢利了，想扩大赢利的时候，那时就会有人想要投钱了。没有赢利的时候想说服别人投资，投资人多半会说：等你赢利了再说吧。

我国著名企业家马云曾经说过："那些今天赢利情况很好的企业，一定要记住：一定要在很赚钱的时候去融资，在你不需要钱的时候去融资；要在阳光灿烂的日子修理屋顶，而不是等到需要钱的时候再去融资，那就麻烦了。"所以，在你不需要钱的时候去融资，这就是融资的最佳时间。

2010 年，**麦包包**完成了总额为 1500 万美元的第二轮融资，投资方来自美国 DCM、联想集团与挚信资本。而且，在这之前，麦包包完成的首轮总额为 3000 万美元的融资，投资方同样是上述三家风投。两年完成总额 4500 万美元的融资，是国内箱包行业史上最大金额的融资案例。

谈及融资感受时，创始人叶海峰指出，麦包包的融资经验是不在最需要钱，而是在发展得比较好的时候去融资，并且在融资前计算未来一段时间企业到底需要多少钱，才确定最终的融资规模，"今年这个时间我们拿的钱是为明年、后年准备，投资者也是看好我们，不是说看现在，而是看未来趋势"。

现在为什么许多小企业会出现融资难？因为它们等到资金链出现问题时，才想到了融资。但这个时候往往是最难的，无论是银行还是投资公司，肯定不愿意把钱交给资金链出问题的企业。但是反过来，如果在企业资金充裕的情况下，向银行去贷款，却很快就能贷到。

许多人会认为，有钱的时候没有贷款的必要。其实，这个钱不是为你有钱的时候贷的，而是让企业用来抗风险的，一旦出现问题，这些钱就可以派上用场了。

如果说资本是社会经济发展的血液，那么资金流就是一个企业继续运转的前提。投资人的投资往往是创业企业在初期阶段的唯一资金来源，因此更应该时刻关注自己的资金流。提前做好融资的准备不仅给予自己更多的选择余地和更大的议价能力，还能给投资人充足的时间。融资应该在资金很充足时就开始打算。

融资小警示

企业在什么阶段融资最为合适？不要从创业第一天起就想着融资，在没有赢利之前也不要去想，绝大部分企业在没有赢利之前融资是不正常的。一定要在很赚钱的时候去融资，在你不需要钱的时候去融资；要在阳光灿烂的日子修理屋顶，而不是等到需要钱的时候再去融资，那就麻烦了。所以，在你不需要钱的时候去融资，这就是融资的最佳时间。

误区二

我的行业很好，企业也很赚钱，不需要融资

阿里巴巴是从50万元起家的。

阿里巴巴刚成立的时候，上亿元资本的企业有很多，但当时的那些企业现在发展得怎么样？阿里巴巴怎么样？从这一点可以看出，企业发展跟有没有太多的钱没什么太大的关系。

2011年7月31日，美国《纽约时报》网络版一篇报道称，阿里巴巴即将完成80亿美元的新一轮融资，此一融资使得阿里巴巴估

值达430亿美元。2012年5月，阿里巴巴与雅虎签订股票回购协议时，商定的估值为350亿美元，低于当前的430亿美元。

优先股

是相对于普通股来说的，是公司在筹集资金时，给予投资者某些优先权的股票。这种优先权主要表现在两个方面：第一，优先股有固定的股息，不会随公司业绩好坏而波动，可以先于普通股股东领取股息；第二，当公司破产进行财产清算时，优先股股东对公司剩余财产有先于普通股股东的要求权。但优先股一般不参加公司的红利分配，持股人也没有表决权，不能借助表决权参加公司的经营管理。而且，到目前我国还没有发行过优先股。

融资小知识

报道称，阿里巴巴计划动用80亿美元融资中的71亿美元，回购雅虎持有的20%股票。在阿里巴巴公布的股权回购协议中，阿里巴巴集团将动用63亿美金现金和不超过8亿美元的新增阿里巴巴集团优先股，回购雅虎手中持有的阿里巴巴集团股份的一半，即阿里巴巴集团股权的20%。

2011年11月，阿里巴巴集团曾成功吸引私募股权投资公司银湖、俄罗斯风险投资公司等机构的财务投资，同时阿里巴巴集团管理层也获得上述投资机构所持有股份的投票权。

2012年5月有消息透露，我国主权财富基金中投公司（CIC）计划至多购入阿里巴巴集团20亿美元的股份。双方已经展开交谈，阿里巴巴正寻求获得最后一部分资金，以回购雅虎所持股份。

虽然阿里巴巴对于当下80亿美元的出处讳莫如深，不过还是有消息传出，这笔资金是由我国国家开发银行等12家机构提供，其中，国开系除提供约20亿美元贷款外，还在与阿里巴巴集团就股权融资项目进行谈判。

不可否认，阿里巴巴的融资是成功的！

很多人讲，我的企业做不好是因为没钱、缺钱。有这种想法的人，基本上是做不成大企业的人。钱是资源，不可以没有，但光有钱一点用都没有。今天的网络，不是凭资本打天下，而是靠思想打天下、靠行动打天下、靠团队打天下、靠创新打天下。路还没找到就想着快速跑是不行的。

企业融资的时候，要在赚钱的时候。免得哪天缺钱了才想起这事来，却收到不尽如人意的效果。记住，在赚钱的时候融资，这才是融资的最佳时间。

所谓融资机会，是指由有利于企业融资的一系列因素所构成的有利的融资环境和时机。企业选择融资机会的过程，就是企业寻求与企业内部条件相适应的外部环境的过程，这就有必要对企业融资所涉及的各种可能影响因素做综合具体分析。

一般来说，要充分考虑以下几个方面。

一、主动

由于企业融资机会是在某一特定时间所出现的一种客观环境，虽然企业本身也会对融资活动产生重要影响，但与企业外部环境相比较，企业本身对整个融资环境的影响是有限的。

在大多数情况下，企业实际上只能适应外部融资环境而无法左右外部环境，企业必须充分发挥主动性，积极地寻求并及时把握住各种有利时机，确保融资获得成功。

二、预见

外部融资环境复杂多变，企业融资决策要有超前预见性，为此，企业要能够及时掌握国内和国外利率、汇率等金融市场的各种信息，了解国内外宏观经济形势、国家货币、财政政策和国内外政治环境等各种外部环境因素，合理分析和预测能够影响企业融资的各种有利和不利条件，以及可能的各种变化趋势，以便寻求最佳融资时机，果断决策。

三、多思

企业在分析融资机会时，必须要考虑具体的融资方式所具有的特点，并结合本企业自身的实际情况，适时作出合理的融资决策。比如，企业可能在某一特定的环境下，不适合发行股票融资，却可能适合银行贷款融资；企业可能在某一地区不适合发行债券融资，但可能在另一地区却相当适合。

融资小警示

许多人会认为，企业业绩好的时候没有贷款的必要。其实，这个钱不是为你经营好的时候贷的，而是让企业用来抗风险的。无论是银行，还是投资公司，肯定不愿意把钱交给资金链出问题的企业。但是反过来，如果企业发展很好，向银行去贷款，却很快就能贷到。企业融资的时候，要在赚钱的时候。免得哪天缺钱了才想起这事来，却收到不尽如人意的效果。记住，在赚钱的时候融资，这才是融资的最佳时间。

误区三
我的专利技术——项目足够好，一定能融到资

有些中小企业认为，我的项目非常好，一定能够融到资金。其实，这是一种很幼稚的想法。现实中，很多好项目却拿不到钱、融不到资。因为项目的好坏，只不过是引起投资方关注的基础，并不是其决定投资与否的唯一标准和依据。

2004 年，钱先生获得了一种智能电热水器的专利，并投资 150 万元成立了工厂。

钱先生非常看好自己的项目，为了改进技术扩大销售规模，他在当年 11 月带着该技术来到了上海市投融资洽谈会上。

投资方了解情况后，告诉他，该产品虽然获得过专利，但这并不能保证产品的“绝对竞争优势”，所以要等“尽职调查”（对项目进行的专项调查）后才能继续洽谈。

对此，钱先生不能理解，为什么这样好的项目还要调查，这不是有意为难吗？当场就与投资方产生了争执，结果就可想而知了。

企业（个人）获得专利或者奖项，一般来说不会成为投资者所关注的重点，除非是入围国家“863”、“923”计划这样权威的评选。

在决定投资之前，投资者通常会进行“尽职调查”。对于融资者来说，不能对自己的产品盲目乐观，而是应该采取积极配合的态度。

所谓尽职调查，就是在企业的配合下，由中介机构对企业的历史数据和文档、管理人员的背景、市场风险、管理风险、技术风险和资金风险做全面深入的审核，一般都出现在企业公开发行股票上

市和企业收购中。其目的就是要使买方尽可能地发现有关他们要购买的股份或资产的全部情况。

一个好的项目，仅仅说明你拥有了一只良种蛋，你是不是有能力将这只蛋孵出小鸡，孵出小鸡后你有没有能力将小鸡养大，继而让鸡下出更多的蛋，再将这些蛋卖到市场，收回投资，获取赢利，这才是投资者所关心的关键性问题。如果这些都没有展示出来，即使你有再好的项目，也无法赢得投资者的青睐。

这个误区主要是说，技术创业家与投资方的对接出了问题，技术创业家说了投资方不爱听或不想听的话。如果把投融资对接的平台——也就是成功创办出来的企业，称作“床”，那么融资的青年企业家和投资方关注点完全不同，就好像夫妻之间的同床异梦。

融资小知识

补偿贸易融资

补偿贸易融资是指国外向国内公司提供机器设备、技术、培训人员等相关服务等作为投资，待该项目生产经营后，国内公司以该项目的产品或以商定的方法予以偿还的一种融资模式。补偿贸易融资的基本形式有：直接产品补偿、其他产品补偿和综合补偿。几种补偿贸易融资形式各有特色。中小企业具体要选用哪一种，要根据自身对资金的需求状况经由双方协定。

青年科技企业家擅长的是技术，他更关心的是如何把技术变成现实；投资方想的就是“钱”，终日盘算的是如何低投入高回报。所以，在融资的谈判桌上，青年企业家兴致勃勃谈技术细节，而投资方可以说一点儿都不关心。因为从技术到成型的产品再到市场卖出钱，往往是十万八千里，其中充满了不确定因素，投资方是心知肚明的。

一位网络技术专家在进行融资路演 PPT 演示幻灯片充满了技术细节，包括网络拓扑图、流程图、层状网络结构。他不断地强调其技术的先进性独创性，但是很遗憾，在场人员没有一个人能够听懂。不要说投资方听不懂技术细节，连在场的计算所相关领导都说："我听了六次了，还是不懂。"

演讲者，是想向在座的各位说明他发明了一个先进技术方案，解决了重大技术难题，他对这项技术视同自己的心肝宝贝一样爱不释手、赞美有加。他完完全全沉醉在复杂严谨的技术细节描述和推理逻辑之中无法自拔。很遗憾，这种融资路演"你不说我倒明白，你越说我越糊涂"！结果，创业者和投资方只能分道扬镳。

一般来说，技术背景的创业者由于熟悉他多年参与的技术领域，往往误以为投资方对于其技术越了解越能增加投资兴趣。所以技术创业者不厌其烦地讲解技术，恨不能扒开投资人的脑壳当场把技术塞进去。而投资方最关心的钱和商业模式，创业者一点儿没讲，路演时间全浪费在技术描述上，该讲的不讲、不该讲的狂讲，真是驴唇不对马嘴。

况且，能把复杂问题简单通俗描述，是个极高的技能智慧，一般人都不具备。专门钻技术牛角尖的创业者强调技术细节，就把自己最短板的一面暴露给了投资人，这对于融资来说非常没有好处。

投资人听不懂，就不会投资；投资人认为创业者是书呆子，不是企业家的材料，也不会投资。那么，该如何做呢？

如同男女恋爱，男孩子专门挑女孩子爱听的说，中小企业可以从下面这几方面做起。

国内上市

融资小知识

为了解决发展资金，有长期的融资渠道，大大提高公司知名度，规范内部管理，获得企业健康发展的长久基础，企业会采取国内上市这样一种发展方式。采取国内上市，不仅可以积聚许多无形资产，如品牌关注度、人才吸引力等；也可以促使企业资产流动性大大增强，对企业并购具有重大意义。如果将上市股份作为支付手段进行并购，会有利于吸引国际国内战略合作伙伴。

第一，索性不谈技术细节，只谈新技术对比现有技术的先进特点；谈什么客户在使用这个技术，可能付多少钱。

第二，扬长避短。当前我国经济转型日益注重自主知识产权，创业者可以强调该技术的专利保护，技术产权交易市场的价值，这样便于投资人脑中将你的技术直接与钱挂钩。

第三，对投资方来讲，建立独特可行的商业模式比技术重要很多。技术可以开发、外包、买来，但是独特的商业模式必须亲自辛辛苦苦摸索。而真正给企业、资本带来利润的是独特的商业模式，技术不是唯一而不可替代的，而基于独特资源之上的商业模式是排他的，不易被人复制。

所以，创业者要强调该技术作为独特资源如何与客户资源、产学研链条的各个资源对接整合，而每个资源方的投入/回报环节要圆满封口，使得投资方看到商业模式借助该项技术资源而打造出了独特性。

公司每一个投资决策的作出都和公司的发展战略密切相关，为什么投资、投资什么、怎样投资，公司都必须依据战略选择。市场经济条件下，对内投资和对外投资是公司开放战略的重要内容，也直接关系到公司的长远发展和未来利益，所以投资决策必行而又慎行。

目前，许多公司把项目投资作为公司规模扩张的一条主要途径，提倡为建立跨地区、跨行业、跨国界的大企业集团而投资。跨行业、多元化经营是公司在扩大投资规模的同时又分散经营风险的重要过程。但在这个过程中是否有把公司发展战略和经营定位放在第一位呢？是否做到坚持主业，他业为辅呢？如果全然不把公司发展战略作为投资决策的内部条件之一，就投资于与公司战略目标不同的领域，风险很大，成功率也很低。

我国的巨人集团，原本是一家国内领先的软件研发企业，却投资于本身并不擅长的房地产，结果不仅投资项目失败，还累及公司破产。近年国际上公司发展的趋势是，扩大主营业务的规模，或者对外并购投资同行业，对内进行无关业务剥离。可见，公司不再单纯追求多样化经营和经营规模的扩大，而是根据自身战略定位，既注重经营专业化又关注扩大规模，分散经营风险。

另外，公司内部管理水平也是每一个决策者在进行投资决策时必须考虑的企业内部条件依据。如果没有这方面的依据，或依据不充分便作出投资决策，生意做大了，前方很“红火”，后院却“起火”。搞不好公司不能通过投资壮大，反而会“突然死”。

许多公司通过投资进行扩张，由“孩子”成长为“大人”，由“创利型”变成了“成长型”，这就是充分考虑内部条件依据投资而得到进化的表现。

如果投资公司拥有良好的管理机制，管理方法创新，并形成优秀的企业文化，从内部治理机制上保障投资项目的科学化、系统化，在项目实施前经过严密论证程序，在实施中监督和完善，项目建成后进行有效整合，就能保证投资项目达到预期目标，为投资公司的规模经营带来规模效益，并使公司的长远发展形成良性化趋势，从而构筑起公司的核心竞争力，使之基业常青。

融资小警示

在决定投资之前，投资者通常会进行“尽职调查”。对于融资者来说，不能对自己产品盲目乐观，而是应该采取积极配合的态度。一个好的项目，仅仅说明你拥有了一只良种蛋，你是不是有能力将这只蛋孵出小鸡，孵出小鸡后你有没有能力将小鸡养大，继而让鸡下出更多的蛋，再将这些蛋卖到市场，收回投资，获取赢利，这才是投资者所关心的关键性问题。如果这些都没有展示出来，即使你有再好的项目，也无法赢得投资者的青睐。

误区四
融资只是为了解决资金紧张

有的企业在建设初期经营状况很不错，拥有稳定的现金流，自以为手中钱有很多就不需要进行风险投资了。其实，如今国外资本大量涌入，全球化形势日益突显，在规模上我国企业还很难和国外巨头抗衡。如果企业无法迅速扩张起来，企业的地位可能会被重新洗牌。

中小企业在银行融资渠道不够流畅，融资成本也很高，而且风投是一种长期投资，风险投资人不会把眼光放在短期利润，而是项目长期的增值空间。对于中小企业来说，引进风投是很好的出路，可以让企业的扩张发展迈上一大步。因此，不要因为目前的经营状况好就放弃风投的机会，这种做法是缺乏远见的表现。

从发展的角度来看，资金对每个中小企业都是稀缺资源，而企业的生产经营、资本经营和长远发展又时时刻刻离不开资金。因此，如何有效地进行融资是中小企业一项极其重要的基本活动。

风险投资人

是风险资金管理公司中的合伙人或助理，他们是风险资金管理公司的雇员，主要为拥有更雄厚资金的基金投资公司管理资金。风险投资人是风险资本的运作者，是风险投资流程的中心环节，其工作职能是：辨认、发现机会，筛选投资项目，决定投资，促进风险企业迅速成长、退出。资金经由风险投资公司的筛选流向风险企业，取得收益后，再经风险投资公司回流至投资者。

融资小知识

虽然企业进行融资的基本目的是为了自身生产与资本经营的维持和发展，但是就其每一项具体的融资活动来说通常要受特定动机的驱使。

一、为了正常的生产经营发生临时需要进行融资

有些企业之所以要融资，是为了应对生产经营中临时发生的事情。有了足够的资金，就能帮助他们渡过难关，下面的这家公司就是典型的例子。

杨少位是**浙江红太阳**毛纺织有限公司的总经理，企业主要从事毛条、毛纱加工销售，原料全部进口，并且主要从澳大利亚进口，产品在国内外均有销售。

企业正处于行业的成熟期，产品依托先进的设备资源和本地区的羊毛衫产业资源，发展有较大的市场空间和较大的市场竞争力。可是由于受国际金融危机影响，出口市场萎缩、国内市场需求下降，高速增长的势头开始放缓。

由于公司主要原料为澳毛，主要产品是毛涤，在大宗商品大幅下跌过程中，公司的原料与成本价格跌幅较深，最深的跌幅在40%，而澳元汇率的大幅波动增加了公司的成本控制难度。

在这场危机中，农业银行和他们携手应对、多策并举，帮助企业渡过了难关。对于农行推荐的各种外汇理财产品，杨少位也进行了细心的研究，关键时刻大胆采用，这对于减少国际金融危机带来的损失起到了很大的作用。

一个小企业的信心满满，就源于企业和银行将外汇理财运用得得心应手。

二、为了添置设备、扩大规模、引进新技术和开发新产品进行融资

有的企业之所要融资，是为了增添设备、扩大规模。比如：**江苏锡阳研磨**科技有限公司。

江苏宜兴盛产陶瓷产品，当地人李锡春在工业陶瓷上做足了文章。

江苏锡阳研磨科技有限公司是国家非金属矿深加工工程技术研究中心定点企业，主要生产陶瓷微珠。这种高性能耐磨陶瓷微珠，

是一种非金属矿超细研磨介质，大量应用于塑料、橡胶、造纸、电缆、医药等领域，可以提升所磨物的纯度和细度。

公司研发的陶瓷耐磨微珠，其流量、填充量和耐磨度在业内都有较高水平，很受各国用户的好评，产品有70%销往国际市场，企业的日子过得十分红火。

可是，好景不长！2008年10月之后，欧洲市场对陶瓷微珠的需求大幅减少，李锡春开始考虑如何应对这一变化。他发现，生产陶瓷微珠的稀土价格降了许多，如果趁机多购买一些原材料转而开发国内市场，也许是一个良策。

于是，李锡春找到农业银行江苏宜兴陶都支行行长商量。长期以来，农行对这个只有120多人的小企业给予了很大的支持，在关系到企业生存的关键时刻，李锡春再次想到了农行。

农行领导听了李锡春的介绍，表示支持他的想法，并愿意提供贷款用来紧急购买原料。6天之内，李锡春就拿到了160万元贷款。

用农行的贷款储备了大量低价原料后，李锡春立即着手研发适合国内市场的产品，并大力开拓国内市场。在很短的时间内，锡阳公司生产的陶瓷微珠就以其高质量迅速进入了国内市场。

不可否认，一个小企业的转“危”为“机”，就开始于企业和银行之间的这种默契合作。

除此之外，还有企业为了对外投资、兼并其他企业进行融资；企业为了偿付债务和调整资本结构进行融资等。可是，无论企业的融资活动受何种动机驱使，最终都是为了获取经济效益，实现股东价值最大化。

融资小警示

如今国外资本大量涌入，在规模上我国企业还很难和国外巨头抗衡。如果企业无法迅速扩张起来，可能会被重新洗牌。从发展的角度来看，资金对每个中小企业都是稀缺资源，而企业的生产经营、资本经营和长远发展又时时刻刻离不开资金。因此，如何有效地进行融资是中小企业一项极其重要的基本活动。虽然企业进行融资的基本目的是为了自身生产与资本经营的维持和发展，但是就其每一项具体的融资活动来说，通常要受特定动机的驱使。

第五章
上市公司融资误区
——再融资走入迷局

上市公司在发展过程中，也会陷入融资的误区，比如，可分离债券融资误区（如本章误区一至误区五所述）和上市公司可转换债券融资存在的误区（如本章误区六至误区八所述）。

有的公司觉得，部分企业可分离债券的发行目的有“圈钱”嫌疑；

有的公司觉得，可分离债券的发行时机选择不当；

有的公司觉得，可分离债券的票面利率取值过低；

有的公司觉得，可分离债券条款设计趋同化、单一化；

有的公司觉得，可分离债券融资风险认识不足；

有的公司存在可转换债券的种类与发行公司性质选择的误区；

有的公司存在可转换债券的发行时机选择的误区；

有的公司存在配股、增发与可转债选择的误区；

……

凡此种种，无不会对上司公司的融资造成负面影响。

误区一
部分企业可分离债券的发行目的有“圈钱”嫌疑

所谓分离交易可转债，是债券和股票的混合融资品种。

分离交易可转债由两大部分组成：可转换债券和股票权证。

可转换债券是上市公司发行的一种特殊的债券，债券在发行的时候规定了到期转换的价格，债权人既可以根据市场行情把债券转换成股票，也可以把债券持有到期归还本金并获得利息。

股票权证是指在未来规定的期限内，按照规定的协议价买卖股票的选择权证明。根据买或卖的不同权利，可以分为：认购权证和认沽权证。因此，简单来说，分离交易可转债就是“买债券送权证”的创新品种。

分离交易可转债与普通可转债的本质区别在于，债券与期权可分离交易。也就是说，分离交易可转债的投资者在行使了认股权利后，其债权依然存在，仍可持有到期归还本金并获得利息；而普通可转债的投资者一旦行使了认股权利，其债权就不存在了。

此外，分离可转债不设重设和赎回条款，有利于发挥发行公司通过业绩增长来促成转股的正面作用，避免了普通可转债发行人往往不是通过提高公司经营业绩，而是以不断向下修正转股价或强制赎回方式促成转股而带给投资人的损害。

同时，分离交易可转债持有人与普通可转债持有人同样被赋予一次回售的权利，从而极大地保护了投资人的利益。

境外上市

融资小知识

境外上市是指国内股份有限公司向境外投资者发行股票，并在境外证券交易所公开上市。我国企业境外上市有直接上市与间接上市两种模式。境外上市的优势在于：有适用法律更易被各方接受、审批程序更为简单、可流通股票的范围广、股权运作方便、税务豁免等。

再者，普通可转债中的认股权一般是与债券同步到期的，分离交易可转债则并非如此。《上市公司证券发行管理办法》中规定，分离交易可转债“认股权证的存续期间不超过公司债券的期限，自发行结束之日起不少于六个月”，缩短了权证存续期，有助于减少投机。

简而言之，发行债券时，债券和权证分开发行，一般是债券认购人无偿获得一定数额的认股权证。当然，权证和证券是可以分开交易的。

分离交易可转债虽然有可转债之名，却没有可转债之实，仅仅是债券+权证的简单拼凑，定价机制非常单纯，根本没有传统转债的复杂期权组合、博弈的关系，一般没有赎回、回售条款、转股价特别是向下修正条款。

对发行人来说，与传统的转债相比，分离交易债最大的优点是

“二次融资”。在分离交易债发行时，投资者需要出资认购债券；而如果投资者行权，会再次出资认购股票。而且由于有权证部分，分离交易债的债券部分票面利率可以远低于普通转债，也就是说，整体的融资成本相当低廉。

分离式可转换债券是“一次发行，二次融资”，不仅成本低，而且效率高，具有低风险高收益的优势。正确利用可分离债券融资，不仅可以分阶段募集到生产急需资金，提高资金使用效率，稳定正股价格；还能够降低股权稀释效应，改善企业资本结构，享受税盾效应和较低的票面利率，大大节省当期财务费用。

可是，目前的融资企业，在充分享受发行可分离债券融资好处的背后，有些行为不免让人质疑其融资目的。

首先，债券发行额远远大于企业净利润。

有些上司公司的债券发行额远远地超过了企业净利润，权证发行额达到了规定的上限。比如：中信国安发行额达到净利润的 36 倍，有些企业巨人达到 23 倍以上。这些企业资产虽可抵债，但生产如何持续发展？业绩如何支撑股价？

其次，不同企业资产负债率高低不一。

有些上市公司将纯债券融资额与权证融资额等比例发行，这是非常不利于改善企业资本结构的。更有甚者，无视市场反应，一意孤行，例如：平安保险公司。

2008 年 1 月，平安保险公司推出了 82 亿 A 股加 412 亿分离可转债的“天量”再融资方案。此方案一出，就遭到了投资机构和广大投资者的反对，但平安公司无视市场反应，于 3 月 6 日采用不恰当的手段高票通过再融资方案，我国股市出现了一轮血腥的暴跌。为了挽救股市，国家在 4 月 23 日调减印花税。

市场刚刚转暖，中国平安又置股市的大局于不顾，迫不及待地再一次宣称启动“天量”再融资方案，使刚刚出现好转迹象的中国股市再一次下跌，至今未能复苏。中国平安的融资目的，路人皆知。

在增发和配股遭到投资者唾弃的今天，可分离式债券有可能沦为某些企业的又一“圈钱工具”。

融资小警示

对发行人来说，与传统的转债相比，分离交易债最大的优点是“二次融资”。在分离交易债发行时，投资者需要出资认购债券；而如果投资者行权，会再次出资认购股票。不仅成本低，而且效率高，具有低风险高收益的优势。正确利用可分离债券融资，不仅可以分阶段募集到生产急需资金，提高资金使用效率，稳定正股价格；还能够降低股权稀释效应，改善企业资本结构，享受税盾效应和较低的票面利率，大大节省当期财务费用。

误区二
可分离债券的发行时机选择不当

发行时机的选择，对融资成功至关重要。一般来说，股市震荡或上行，债市低迷、权证市场火暴，可分离债券的发行容易成功。

这时候，债券可以有较低的票面利率，权证也易于行权；股市低迷，债市趋势向上，可分离债券的发行也会成功；股价有上行空间，易于行权获利，债券市场也易获利，对投资者有很大的吸引力；市场资金面充足，利于发行；投资者倾向也会直接影响债券发行。

在我们身边，有些企业发行可分离债券时机选择不当，与市场规律背道而驰。不少企业在股市高市盈率时密集发行，低市盈率时却不敢发行。

融资小知识

投资银行

是主要从事证券发行、承销、交易、企业重组、兼并与收购、投资分析、风险投资、项目融资等业务的非银行金融机构，是资本市场上的主要金融中介。在我国，投资银行的主要代表有中国国际金融有限公司、中信证券等。人们平常所说的金融投资主要是指证券投资。证券投资的分析方法主要有如下三种：基本分析、技术分析、演化分析。

我国可分离债券融资企业大多数却选择在 2007 年 11 月—2008 年 2 月发行或拟发行，而在股市最低点的 4 月却寂静无声，有的企业甚至改发高利率的其他债券品种。高指数、高市盈率的股市，聚集了大量泡沫，岌岌可危，下行是必然趋势。而此时发行的可分离债券，今后权证难以行权，二次融资将会成为泡影。

股市最低点 3138.5 的 4 月，股市上行空间大，债券市场仍然火热，发债正当时，许多企业却坐失良机。4 ~ 5 月无担保的青岛啤酒、国电电力、康美药业三家企业仍以 0.8% ~ 1.0% 的票面利率发行成功，中签率也只有 0.5%，这就是最好的佐证。

可分离债券是在交易所市场进行交易，交易所市场资金面的承受力有限。而可以发行可分离债券的企业都是大型企业，按照规定，累计公司债券余额不超过最近一期期末净资产额的 40% 这一发行额依然会大大超出市场资金面的承受力。比如，中石化 500 亿元的可分离债券。

融资小警示

发行时机的选择，对融资成功至关重要。一般来说，股市震荡或上行，债市低迷、权证市场火暴，可分离债券的发行容易成功；债券可以有较低的票面利率，权证也易于行权；股市低迷，债市趋势向上，可分离债券的发行也会成功；股价有上行空间，易于行权获利，债券市场也易获利，对投资者有很大的吸引力。

误区三
可分离债券的票面利率取值过低

可分离交易可转债，是上市公司公开发行的认股权和债券分离交易的可转换公司债券。它赋予上市公司两次筹资机会：先是发行附认股权证公司债，此属于债权融资；然后是认股权证持有人在行权期或者到期行权，这属于股权融资。

可分离债是新老划断后最晚面世的再融资手段，可分离交易可转债具有融资方便、成本低等特点，既能满足上市公司的融资需求，也符合金融市场的发展方向，发展潜力较大，必然会吸引大量上市公司尝试使用这种融资方式。

分离型可转债实际上是一个债券和权证的投资组合，和分离型的附认股权证债券比较相似。

可分离转债对上市公司主要的优点体现在以下几个方面。

第一，单笔分离转债的发行规模较大，属于目前证监会鼓励方式，因此，容易得到发审会通过。

第二，通过附带赠送股本权证后，分离转债债券部位的债权融资成本较低，分离债的年限超过一半都是6年。

第三，权证行权价格的溢价幅度相比传统转债普遍较高，股权融资成本降低；而且，公司通过行权比例的控制可以使得最终的股本摊薄比例不与发行规模直接相关，公司可控制的余地上升。

第四，如果股本权证最后行权，公司相当于实现了两次融资。

投资银行风险投资

简称是 VC。广义的风险投资泛指一切具有高风险、高潜在收益的投资；狭义的风险投资是指以高新技术为基础，生产与经营技术密集型产品的投资。根据美国全美风险投资协会的定义，风险投资是由职业金融家投入到新兴的、迅速发展的、具有巨大竞争潜力的企业中一种权益资本。

融资小知识

投资可转换公司债，最主要是期待股票价格上涨，转换时有价差，如果一直没有出现有利的转换条件，可转换公司债在转换前仍属于债券性质，收取债券固定的票面本息收益或执行卖回权卖回给发行公司，领取利息补偿金。

从这个意义上来说，投资可转债可分为两类：一类是着眼于转换股票的利益，也就是资本利得的利益；另一类是着眼于可转债本身的利息收益，也就是可转债的殖利率（报酬率）。所以，投资可转债被很多人看做是一种进可攻、退可守的投资标的。

从 2007 年下半年的分离债发行来看，债券利率越来越低，权证越送越多。2008 年发行可分离债券的 8 家企业，7 家票面利率都是 0.8%；同期，一年期的银行利率是 4.14%，5 年期定期存款利率为 5.85%，3～5 年期中期票据利率为 5.3%～5.5%……相比之下，票面利差较大。

低票面利率可分离债券，一上市就要折价，而折价部分的损失一般都是由权证部分补偿。发行该种可分离债券，投资者和发行方的双赢是建立在一个价值和价格都存在较大偏离的权证市场之上的，利率过低，会加大权证市场的博弈压力。

2007 年至 2008 年 5 月，央行一共提高了 9 次存款准备金率。在央行利率敏感期，虽然可分离债券的权证部分受正股走势的影响较大，但它的纯债部分和其他公司债券一样，因加息而有所下跌。由于它是 3 个市场的产物，因此会带来一系列较大的负面效应。

随着我国债券融资品种的增多、浮息债券的盛行、CPI 的居高不下，低票面固定利率的可分离债券对投资者的吸引力会越来越弱，必然会对债券的发行产生影响。

融资小警示

分离型可转债实际上是一个债券和权证的投资组合，和分离型的附认股权证债券比较相似。可分离债是新老划断后最晚面世的再融资手段，可分离交易可转债具有融资方便、成本低等特点，既能满足上市公司的融资需求，也符合金融市场的发展方向，发展潜力较大，必然会吸引大量上市公司尝试使用这种融资方式。

误区四
可分离债券条款设计趋同化、单一化

可分离债券在我国刚刚起步，其发行条款主要受《上市公司证券发行管理办法》的约束。和国外比较起来，各上市公司在发行条款的设计上存在着趋同性过高、类型单一的问题。

比如：利率设计条款。

债券发行

融资小知识

发行人以借贷资金为目的，依照法律规定的程序向投资人要约发行代表一定债权和兑付条件的债券的法律行为。债券发行是证券发行的重要形式之一，是以债券形式筹措资金的行为过程。通过这一过程，发行者可以以最终债务人的身份将债券转移到它的最初投资者手中。

我国可分离债券的利率设计，走势起伏不大、波段不够鲜明、不同时点的利差欠突出。虽然该管理办法对发行企业的信用评级做出规定，但纵观上市发行的可分离债券，其信用评级基本都是AAA，区别不大，彼此间的利率很难直接比较，很难准确地反映出发行利率的动态变化。而且，发行人对于成本往往会相互比照，因此，除非市场发生较大的变化，其利率一般都有一定程度的趋同性。

再者，不管股市、债市走势如何，发行企业都将纯债券融资额与权证融资额等额发行，债券利率全部雷同；权证期限过于单一，仅有一年与两年之分；行权价格固定，不可修正。

趋同、单一的条款设计，从企业融资和市场发展的角度来说是低效的，无任何应变空间。会直接导致发行主体单一、融资途径狭窄，降低对投资者的吸引力降低。

融资小警示

可分离债券在我国刚刚起步，其发行条款主要受《上市公司证券发行管理办法》的约束。较之国外，各上市公司在发行条款的设计上存在着趋同性过高、类型单一的问题。趋同、单一的条款设计，从企业融资和市场发展的角度来说是低效的，无任何应变空间。会直接导致发行主体单一、融资途径狭窄，降低对投资者的吸引力降低。

误区五
对可分离债券融资风险认识不足

随着股市大幅震荡，一级市场的资金供给增加，新股申购中签率不断下降，申购收益也相应降低。部分投资者将眼光转向了可转债特别是可分离债的一级市场。但很多投资者认为可分离债是一种只赚不赔的产品，对可分离债的定价原理、投资风险和收益的认识存在误区。

可分离债，既是一种认股权和债权可分离交易的可转换公司债券，也是一种将股权融资和债券融资相结合的产品。它和一般的可转债的区别是，将可转债的权证部分和纯债部分拆分进行交易。发行时，投资者可以按照面值 100 元认购，在二级市场上，一张分离债将会自动分拆成一张企业债和一张权证，同时上市交易。

比如，2008 年 2 月 20 日发行的中石化可分离债，该债券的面值为 100 元，向原 A 股股东优先全额配售；原 A 股股东可以优先认购的分离交易可转债的金额以其在股权登记日收市后登记在册的股份数乘以 0.429 元计算，再按每 1 手 1000 元转换成手数；债券部分的息票利率是 0.8%，期限为 6 年，每年付息一次；每张债券的认购人可以无偿获得公司派发的认股权证 10.1 份。

由于可分离债会分拆成企业债和权证上市交易，所以也应该将可分离债分拆成两部分分别进行定价。对于纯债部分，可以根据给定票面利率、参考市场上同类企业债的到期收益率水平、结合公司的偿债能力，估计出纯债部分的价值；对于权证部分，可以采用权证的一般定价方法；最后将纯债部分的价值和权证部分的价值相加便可以得到一张可分离债的价值。

对于可分离债的一级市场的投资收益，很多投资者都抱有很大的期望。这主要是因为在 2007 年，可转债一级市场的收益比较好，可转债申购的中签率明显高于新股申购中签率。但是，如果股票一级市场和二级市场的表现较差，正股价格下跌，认购权证价值就会下降，高溢价率就难以继续维持，会直接导致可分离债价值被重估。

另外，由于可分离债的票面利率呈下降趋势，且同期企业债的到期收益率呈上升趋势，这些都会导致市场对可分离债的纯债价格的预期偏低。投资者应当清楚，可分离债一级市场的认购存在着一定的风险。

私募发行

融资小知识

私募发行是指面向少数特定的投资者发行债券，一般以少数关系密切的单位和个人为发行对象，不对所有的投资者公开出售。具体发行对象有两类：一类是机构投资者，另一类是个人投资者。私募发行一般多采取直接销售的方式，不经过证券发行中介机构，不必向证券管理机关办理发行注册手续，可以节省承销费用和注册费用，手续比较简便。但是，私募债券不能公开上市、流动性差、利率比公募债券高，因此发行数额一般不大。

对于可分离债二级市场，如果企业债市场比较活跃，发行可转债的门槛要高于普通可转债，发债公司的偿债能力较强，甚至有担保条款，那么未来债券的违约风险就比较低。如果可分离式企业债上市短线下跌，只要低于定价下限就可以买入并持有。

可分离债券属于混合型证券，兼具股票、债券和期权的融资特性，存在一定风险，许多发行企业对此认识不足。

一、低票面利率风险

发行企业将票面利率设置过低，使得债券价格对于利率变动的敏感性增高，利率风险加大，对投资者的吸引力降低。

二、还本付息风险

上市后的分离债券纯债部分是需要还本付息的，但部分企业的巨额融资以及债券发行额远远大于企业净利润的决策行为，加剧了企业的偿债风险。

三、行权风险

由于采用固定行权价格，如果发债企业发行时机选择不当，在市场转冷、股价下跌时，将会出现无法行权的风险。同样，行权的时间跨度也加大了行权风险。

四、权证市场风险

分离式债券的认股权证具有市值比较小、高杠杆性、价格涨跌与标的股票价格变化相关联等特点，极有可能成为被操纵对象，影响正股走势。

五、股市稀释风险

如果二次融资顺利实现，就会出现股本扩张的压力，而且还会摊薄每股收益，对企业的业绩造成影响。

六、融资品种选择风险

不同的融资品种有着各自不同的特点，对上市公司也有不同的影响。并不是所有的公司都适合发行可分离债券，同一企业的不同发展过程也不一定都适合发行可分离债券，不要盲目跟风。

融资小警示

可分离债的票面利率呈下降趋势，且同期企业债的到期收益率呈上升趋势，这些都会导致市场对可分离债的纯债价格的预期偏低。投资者应当清楚，可分离债一级市场的认购存在着一定的风险。对于可分离债二级市场，如果企业债市场比较活跃，发行可转债的门槛要高于普通可转债，发债公司的偿债能力较强，甚至有担保条款，那么未来债券的违约风险就比较低。如果可分离式企业债上市短线下跌，只要低于定价下限就可以买入并持有。

误区六
可转换债券的种类与发行公司性质选择的误区

可转换债券是债券的一种，可以转换为债券发行公司的股票，一般来说票面利率比较低。从本质上来说，可转换债券是在发行公司债券的基础上，附加了一份期权；并还允许购买人在规定的时间范围内将其购买的债券转换成指定公司的股票。因此，可转换债券具有债权和期权的双重特性。

一、可转换债券兼有债券和股票的特征

通常情况下，可转换债务具有以下三个重要特征：

1. 债权性

与其他债券一样，可转换债券也有规定的利率和期限，投资者可以选择持有债券到期，收取一定数量的本息。

2. 股权性

可转换债券在转换成股票之前仅仅是一种单纯意义上的债券，但在转换成股票之后，原债券持有人就由债权人变成了公司的股东，这时候，债券持有人就可以参与到企业的经营决策和红利分配中来。这样的一种行为，在一定程度上会对公司的股本结构造成影响。

期权

融资小知识

又叫做选择权，是在期货的基础上产生出来的一种衍生性金融工具。在金融领域中，期权定价的时候权利会和义务分开。交易时，购买期权的一方称作买方，出售期权的一方叫做卖方；买方就是权利的受让人，卖方则是必须履行买方行使权利的义务人。

3. 可转换性

可转换性是可转换债券的重要标志，按照约定，债券持有人可以按约定的条件将债券转换成股票。

通常情况下，投资者拥有转股权的权利，这种选择权是一般债

券所没有的。可转换债券在发行时，会明确约定债券持有人可以按照发行时约定的价格将债券转换成公司的普通股票；如果债券持有人不想转换，可以继续持有债券，直到偿还期满时收取本金和利息，当然也可以在流通市场出售变现。

如果持有人看好发债公司股票增值潜力，宽限期过后可以行使转换权。可以按照预定转换价格将债券转换成为股票，发债公司是不能拒绝的。

正因为具有可转换性，可转换债券利率一般都低于普通公司债券利率。企业如果能够发行可转换债券，必然会大大降低筹资成本。

其实，并不是所有的公司都适合发行转债的，转债最适用于那些规模比较小、融资需求数量较大、风险较大、额外债务融资受到限制的成长性公司。

在美国、欧洲，无论是大公司、小公司，一般都热衷于转债的发行，而且有很多大公司转债发行的规模都很大。其实，我们不仅要看到美国转债规模扩大，也不能忽略了转债品种的创新。

今天，美国的转债已经完全不是早期单纯的模式了，正是这种品种的创新，改变了早期转债的一些特性，进而为美国转债市场发展提供了动力。其中，1985 年美林证券推出的“流动性收益期权票据”就是一个典型的例子。

就我国证券市场的发展现状来说，虽然在可转换债券的设计中也对国际的一些经验做了参考，但依然是一种较为原始的产品，不能像美国那样将其原有的一些特性进行改变，因此对于我国上市公司来说，可转换债券绝对不是所有公司筹资的最佳渠道。

可是，在我们身边，有些上市公司几乎是一哄而上，将监管当局的发行标准看成是发行可转债公司的标准，只要符合条件就试图发行转债，这样做是非常盲目的，是一个明显的误区。

二、可转换债券的种类

可转换债券往往可以分为这样几类：

1. 国内可转换债券

这种债券，是在境内发行的，以本币定值的，比如：深圳宝安股份有限公司 1993 年发行的可转换债券，就是国内可转换债券。

2. 国外可转换债券

所谓国外可转换债券指的是，我国发行人在境内或境外发行的债券，一般都是用某种外币标明面值；或是外国发行人在我国境内发行的债券，通常都是用本币或外币来表示。比如：上海中纺机发行的可转换债券就是这类的典型，它以瑞士法郎为面值，供海外投资者（主要是瑞士投资者）购买。

国际辛迪加

是国际垄断组织的一种形式。在发达资本主义国家之间，同一生产部门的垄断企业以辛迪加的结构方式（即签订统一的销售产品和采购原料的协定，推派代表组成总办事处，进行工作）而结成的国际垄断同盟。其参加者在生产上和法律上保持着独立性，但它们在商业上完全受制于总办事处。也就是说，在流通领域中辛迪加占有一定的垄断地位，获得垄断利润更加有保证；可是参加者不能直接和市场发生联系，要想脱离辛迪加非常困难。

融资小知识

3. 欧洲可转换债券

欧洲可转换债券指的是，由国际辛迪加同时在一个国家以上发行的可转换债券，通常用欧洲货币定值。这种可转化债券可以分为两种：记名和不记名。这类债券每年支付一次利息，而且其利息可免征所得税。

三、公开发行可转换债券的条件

根据《发行管理办法》的规定，上市公司发行可转换债券，不仅要符合增发股票的一般条件，还应当符合以下条件。

（1）在最近 3 个会计年度，加权平均净资产收益率平均不低于 6%。扣除非经常性损益后的净利润与扣除前的净利润比较起来，以低者作为加权平均净资产收益率的计算依据。

（2）本次发行后，累计公司债券余额不能超过最近一期末净资产额的 40%。

（3）最近 3 个会计年度实现的年均可分配利润不能少于公司债券 1 年的利息。

发行分离交易的可转换公司债券，除了要符合公开增发股票的一般条件外，还应当符合下列条件：

第一，最近一期末，公司经审计的净资产不能低于人民币 15 亿元；

第二，最近 3 个会计年度，实现的年均可分配利润不能少于公司债券 1 年的利息；

第三，最近 3 个会计年度，经营活动产生的现金流量净额平均不能少于公司债券 1 年的利息；但是，最近 3 个会计年度加权平均净资产收益率平均不低于 6%；

第四，本次发行后，累计公司债券余额不能超过最近一期末净资产额的40%，预计所附认股权全部行权后募集的资金总量不能超过拟发行公司债券金额。

融资小警示

就我国证券市场的发展现状来说，虽然在可转换债券的设计中参照了国际的一些经验，但是依然是一种较为原始的产品，不能像美国那样改变其原有的一些特性，这就决定了在我国可转换债券绝对不是所有公司筹资的最佳渠道。但实践中，我国的上市公司几乎是一哄而上，似乎监管当局的发行标准就是发行可转债公司的标准，这是一个极为明显的误区。

误区七
可转换债券的发行时机选择的误区

《上市公司发行可转换公司债券实施办法》第十九条规定："可转换公司债券的转股价格……应以公布募集说明书前三十个交易日公司股票的平均收盘价格为基础，并上浮一定幅度。"由此可以发现，在可转换债券发行前夕如果公司的股价处于较高位置，那么从理论上来说，在以后的几年中股价不可能再创新高。这时，如果按规定将该平均价格再上浮30%，是不会有人愿意将债券转换成股票的。

如果发行时机掌握得比较好，未来的股价就会在转换期内上扬，那么转股成功的可能性就会大大增加。对上市公司来说，一般都是希望实现转股的成功的。因此，要在选择转股价格和掌握发行时机的时候，一定要慎之又慎。可转换债券的发行时机，直接影响着公司现有股东、投资者的利益分配。一般来说，牛市时发行转债，对于上市公司的现有股东最为有利，因为当时不仅股价很高，还可以加上一个溢价。

所谓溢价，指的是所支付的实际金额超过证券或股票的名目价值或面值。通常一只股票有溢价，是指在减掉各种手续费等费用之后还有钱；一只股票有多少溢价空间，指离我们判断这只股票的目标价格和股票票面价格之间的价差。

在发行规模确定的情况下，一般的筹资量就大，这时如果发行转债是很难实现到时转换的。未来股价可能达不到牛市水平，就会直接导致转债的失败，会给上司公司带来较大的财务压力。

在其他一些投资和投机性市场，也可以用牛市和熊市来表述，如房市、邮（票）市、卡市等。

当市场处于熊市时，发行转债对投资者来说是比较有利的，因为股价上扬的空间非常大。但对于上市公司来说，由于低股价带来的筹资量比较小，出让利益过大，不太愿意发行。因此，市场可接受的可转换债券发行的最佳时机就是市场从熊市向牛市开始转变的时候。

从我国目前来看，市场有从牛向熊转换的迹象，可是很多上市公司纷纷选择发行可转换债券。其实，这时候并不是发行转债的好机会，很难说是符合我国上市公司股东利益的一种理性选择。

一、可转换公司债券有利之处

可转换公司债券具有股票和债券的双重属性，对投资者具有强大的市场吸引力，其有利之处在于：

融资小知识

牛市和熊市

“牛市”也称多头市场，指证券市场行情普遍看涨，延续时间较长。这里的证券市场，泛指常见的股票、债券、期货、期权（选择权）、外汇、基金、可转让定存单、衍生性金融商品和其他各种证券。所谓熊市，指的是空头市场。这时候，部分投资人会开始恐慌，纷纷卖出手中持股，保持空仓观望。此时，空方在市场中占主导地位，氛围严重不足，一般就称为空头市场。

1. 可以让投资者获得最低收益权

可转换公司债券与股票最大的不同就在于它具有债券的特性，即使失去了转换意义，作为一种低息债券，它仍然会有固定的利息收入；这时，投资者会以债权人的身份，获得固定的本金与利息收益。如果实现转换，则会获得出售普通股的收入或获得股息收入。

对投资者来说，可转换公司债券具有“上不封顶，下可保底”的优点，当股价上涨时，投资者可以将债券转为股票，享受股价上涨带来的赢利；当股价下跌时，则可以享受每年的固定利息收入，待期满时偿还本金。

2. 当期收益要比普通股红利高

投资者在持有可转换公司债券期间，可以取得定期的利息收入。一般情况下，可转换公司债券当期收益要比普通股红利高，如果不是这样，可转换公司债券将很快被转换成股票。

3. 比股票有优先偿还的要求权

可转换公司债券属于次等信用债券，在清偿顺序上，同普通公司债券、长期负债等具有同等追索权利；但排在一般公司债券之后，等同于可转换优先股。优先股和普通股比较起来可以优先清偿。

二、我国可转换公司债券的交易规则

我国可转换债券进行交易的时候，往往需要遵循这样的一些交易规则。

1. 交易方式的选择

可转换公司债券一般来说，都是实行 T+1 交易。可转换公司债券的委托、交易、托管、转托管、行情揭示等都要参照 A 股办理。

2. 交易报价的设定

可转换公司债券以面值 100 元为一报价单位，以面值 1000 元为一交易单位，结算单位为张（即 100 元面值），价格升降单位为 0.01 元。

融资小知识

吴瑕教授

吴瑕（原名吴菊花），金融学博士，长期从事企业财务管理研究工作，现任我国社会科学院中小企业研究中心理事会副理事长。受聘于北京谷田肥业有限公司、重庆宏耀建设集团、湖南力邦物流、河南博然集团等多家企业顾问。清华大学、北京大学、上海理工大学、北京工商大学和浙江大学等高校兼职教授。著书有：《融资有道——我国中小企业融资操作大全》《融资有道——我国中小企业融资经典案例解析》《理财有道——我国中小企业财务管理操作大全》《我国农业企业融资实战案例解析》。

3. 交易时间的选择

可转换公司债券交易的集中开市时间和A股一样。

4. 交易的清算

可转换公司债券实行T+1交收，交易清算参照A股的现行清算办法办理。

5. 交易终止

在转换期结束前的十个交易日，可转换公司债券终止交易；终止交易的前一周，交易所会予以公告。

6. 交易费用

深交所按成交金额的0.1‰向可转换公司债券买卖双方征收交易经手费；同时，债券买卖双方还要向所委托的债券交易商交纳佣金，佣金按成交金额的2‰计取。

融资小警示

对上市公司来说，一般都希望实现转股成功。因此，在选择转股价格和掌握发行时机的时候，一定要慎之又慎。当市场处于熊市时，发行转债对投资者来说是比较有利的，因为股价上扬的空间非常大。但对于上市公司来说，由于低股价带来的筹资量比较小，出让利益过大，不太愿意发行。因此，市场可接受的可转换债券发行的最佳时机就是市场从熊市向牛市开始转变的时候。

误区八

配股、增发与可转债选择的误区

作为三种不同的再融资渠道，配股、增发和可转换债券有着各自不同的特点。

一、关于配股

配股是上市公司根据公司发展需要，依照有关法律规定和相应的程序，向原股东进一步发行新股、筹集资金的行为。投资者在执行配股缴款前，需要清楚地了解上市公司发布的配股说明书。

投资者在配股的股权登记日那天，收市清算后依然持有该只股票，自动享有配股权利，并不需要办理登记手续。中登公司（我国登记结算公司）会自动登记应有的所有登记在册的股东的配股权限。

上市公司原股东享有配股优先权，可以自由选择是否参与配股。如果选择参与，则必须在上市公司发布配股公告中配股缴款期内参加配股；如果过期不操作，就会被认为放弃配股权利，不能补缴配股款参与配股。

T +1

一种股票交易制度，即：当日买进的股票，要到下一个交易日才能卖出。“T”指的是交易登记日，“T +1”指的是登记日的次日。我国上海证券交易所和深圳证券交易所对股票和基金交易实行“T +1”的交易方式；中国股市实行“T +1”的交易制度，当日买进的股票，要到下一个交易日才能卖出。同时，对资金仍然实行“T +0”，即当日回笼的资金马上可以进行使用。

融资小知识

一般来说，配股缴款起止日为 5 个交易日，具体以上市公司公告为准。配股缴款之后，根据上市公司公告会有一个具体的除权日，用除权方式来平衡股东的该股份资产总额，保证总股本的稳定。

配股的一大特点就是，新股的价格是按照发行公告发布时的股票市价作一定的折价处理来确定的。这样的价格，主要是为了鼓励股东出价认购。当市场环境不稳定的时候，确定配股价是非常困难的。从理论上来说，除权价格是增股发行公告前股票与新股的加权平均价格，是新股配售后的股票价格。

对于配股，经常会出现这样一些误区。

1. 配股可以补缴款

一般来说，配股是不能补缴款的。根据交易所的有关规定，配股实施流程于T－2日开始，一般为10个工作日左右；股东可操作配股的配股缴款起止日为上市公司公告的T＋1至T＋5日，一般有5个交易日左右；如果逾期没有缴款，就会当做是自动放弃配股权利，不能再补缴款。因此，如果投资者打算配股，就要时刻留意报纸上的信息公告，认真查看配股的缴款时间，及时缴款，以免给自己带来不必要的麻烦和损失。

2. 配股缴款不可以撤单

具体可不可以，要看不同的证券交易所执行委托后的状态。比如：执行配股当天，上海证券交易所执行后委托状态为“已成”，是不允许撤单的；深圳证券交易所执行后委托状态为“已报”，当天允许撤单。

3. 配股缴款，需要交纳一定的手续费

这种认识是错误的，其实投资者认购配股是不需要交纳任何手续费的。

4. 配股可以由券商代缴款

从目前情况来看，配股必须由股东自行执行操作买入配股股数。

具体来说，是否有“办理配股协议书”，或者有提醒配股缴款的服务，需要向各大券商进行详细咨询。

二、关于增发

增发，是股票增发的简称。

股权融资

资金不通过金融中介机构，而是借助股票这一载体直接从资金盈余部门流向资金短缺部门，资金供给者作为所有者（股东）享有对企业控制权的融资方式。它具有以下几个特点：①长期性。股权融资筹措的资金具有永久性，不到期日，不需归还。②不可逆性。企业采用股权融资不用还本，投资人如果想收回本金，需借助于流通市场。③无负担性。股权融资没有固定的股利负担，股利的支付与否和支付多少视公司的经营需要而定。

融资小知识

所谓股票增发配售，指的是已上市的公司通过指定投资者或全部投资者额外发行股份募集资金的融资方式，发行价格一般为发行前某一阶段的平均价的某一比例。

增发对股价有没有好处呢？其实，只要是概念、消息，都是为了配合股价的拉升或杀跌作准备的。炒股尤其是牛市玩股，既不注重消息面，也不注重业绩面，基本面更不用说了。

炒股是炒庄。也就是说，当你进入某一个股时，只要看其庄强不强就可以了，强者恒强，这是颠扑不破的真理。如果某一个股业绩很好、净资流量为正、市盈低、股价拉不起来……就说明此庄弱，最好不要碰触。增发，是上市公司圈钱的一种小把戏，并不会对其基本面改变很多。

公司增发的目的有这样几个：一是为了解决资金困难的局面。二是向其子公司注资，向外拆钱。就是说子公司赚了钱并不归上市公司所有。三是发展新的项目，或开新公司。

股在增发价之前，公司会和机构勾结在一起，抬高股价；当增发价定下来之后，增发的股要看其时机择机而进，并不是所有的增发都能给你带来利润；如果某股通过了董事会的增方预案，还要报批监证会。一般情况下，其增发会通过。

在申报增发的过程中，上市公司为了提高增发股价，达到圈钱的最大化，会暗中与机构勾结拉升股价，也就是说，当股有了增发，批准的可能性极大时，机构会狂拉股价，达到上市公司高层的意愿，这时候可以介入。如果增发方案已经通过，最好不要介入，因为一旦通过，增发的股价也就随之而定了。

主力和上市公司是不会让增发价与现股价相差很多的。如果股价高，增发低，则会对股价形成一种打压之势。所以，不要因为某股通过了增发且当日上市涨幅无限制而抢进，因为，这时股价不会涨，也不会跌横盘。

如果有好的项目急需资金，增发股票无疑是圈钱的最佳方案。如果为圈钱而圈钱，则是公司的一大败笔，圈了钱却没有用途，既不能给股东带来收益，又不能给公司带来利润，对公司的正常经营也没有帮助，只能增加增发以后的净资产，新的资金赢利能力不如旧的。

三、可转债

全称为可转换公司债券。

在今天的国内市场，指的是在一定条件下可以被转换成公司股票的债券。可转债具有债权和期权的双重属性，其持有人可以选择持有债券到期，获取公司还本付息；也可以选择在约定的时间内转换成股票，享受股利分配或资本增值。所以，投资界一般戏称，可转债对投资者而言是保证本金的股票。

当可转债失去转换意义，可以作为一种低息债券，依然有固定的利息收入。如果实现转换，投资者则会获得出售普通股的收入或获得股息收入。

可转债具备了股票和债券两者的属性，结合了股票的长期增长潜力和债券所具有的安全和收益固定的优势。此外，可转债比股票还有优先偿还的要求权。

……

配股、增发和可转换债券对于上市公司有着不同的影响，因此对于不同类别的企业来说，在不同的发展阶段，就要从公司的发展战略、市场状况以及各种融资渠道的成本收益分析出发，选择适合公司长远发展的不同再融资方式。

融资小警示

一般来说，配股是不能补缴款的。根据交易所的有关规定，配股实施流程于T-2日开始，一般为10个工作日左右；股东可操作配股的配股缴款起止日为上市公司公告的T+1至T+5日，一般有5个交易日左右；如果逾期没有缴款，就会当做是自动放弃配股权利，不能再补缴款。因此，如果投资者打算配股，就要时刻留意报纸上的信息公告，认真查看配股的缴款时间，及时缴款，以免给自己带来不必要的麻烦和损失。

[illegible]

[illegible]

[illegible]

[illegible]

[illegible]

[illegible]

第六章

行业企业融资误区

——产业转型下的融资阵痛

各个行业企业在融资上也存在一定的错误认识，比如：外贸企业、生产型企业、城建企业、传统媒体等。各行业企业如果想在最短的时间里为自己融到资，必须提高融资方面的认识，不断改善自己，从而进一步发展。

误区一
外贸企业融资的误区

所谓外贸企业指的是，从事对外贸易（进出口）的企业。在国家规定的注册企业的外贸企业相关领域内，这些企业对合法产品有进出口经营权。企业商品、产品和服务可以流通到两个或两个以上的国家或地区，既可以是自己生产的，也可以是通过收购别人的产品来实现。

为了对本国经济发展或民族工业形成保护，一般来说，国家都会制定一系列的政策法律，以此来鼓励或约束各种各样的外贸行为。企业要想进入这一行，从事外贸业务，必须得到相关国家的行政许可，即：取得进口出口权，否则就是非法交易，是不能交易商品的。

短期融资券

融资小知识

短期融资券，是指企业依照规定的条件和程序在银行间债券市场发行和交易，并约定在一定期限内还本付息的有价证券。融资券要采用实名记账的方式在中央国债登记结算有限责任公司进行登记托管。中央结算公司负责提供二级市场交易结算、代理兑付及相关信息发布服务。

从事外贸的企业审批往往都比较复杂，不仅要通过海关、商检、银行、保险、商会、政府主管部门来实现，同时企业从事的活动还要符合 WTO 的相关规定和国际惯例。在当前的国际经济环境下，随着国内外资金量需求的不断扩大，很多外贸企业都需要大量的资金来扩大生产，而且这种需求是非常迫切的。

今天，随着经济的全球国际化，在新的跨境贸易人民币结算政策下，跨境贸易结算和融资已经成为金融界非常关注的一个问题；对于外向型企业，更是关注备至。

在进行跨境贸易结算和融资过程中，企业都会面临这样一些问题：结算货币汇率不稳、贸易融资产品不熟悉、融资方式单一、融资对象过于集中、融资的难度增大……这些问题不仅制约着企业自身的发展，还会对对外贸易的增长造成一定的影响。

但是，一些外贸企业对融资有认识上的误区。很多客户一到银行，就会对负责人脱口而出："我想要流动资金贷款。"

流动资金贷款，是为满足生产经营过程中的短期资金需求，可以保证生产经营活动的正常进行。可是，要知道，流动资金贷款这种方式会让融资者付出很多的成本，第一是利息，第二是利息之外的担保成本和抵押成本。对于银行来说，这种传统的贷款方式不仅风险高，而且银行在审批的过程中会很严格，审批时间长，所以对于企业来说付出的时间成本也比较高。

其实，在绝大多数的情况下，企业本身并不需要流动资金贷款，主要根据企业贸易的情况来寻找适合企业的融资方式就可以了。传统的流动资金贷款看重的是抵押、担保，而新兴的贸易融资是依附于企业实际的贸易之上的，对于银行来说，风险相对较低，因此在要求上也会低些，这种方式对于银行和企业来说都是有好处的。

贸易融资体现的是一种中间业务收益，也是银行的一种战略转型。当企业不通过贷款就能轻而易举地获得融资时，都非常惊喜。其实，现在的银行更愿意接受“以交易为核心的融资”，而不是“以抵押为核心的贷款”。因为“以交易为核心的融资”可以为他们带来一些好处，比如：降低企业融资的门槛、降低企业融资的成本、降低银行的风险。因此，外贸企业要懂得利用银行。

很多外贸企业一提到融资就想到贷款，这显然是对银行的产品和服务不够了解，除非银行在贸易融资和结算上出现一系列新产品，否则外贸企业的负责人一般都不会释然。

一、外贸企业的融资现状

1. 外贸企业的资金增多

随着企业对外贸易的运输、销售、存储等环节的逐渐增多，结汇收汇周期不断加长，和过去比较起来，企业的生产更广泛、经营过程更繁杂。因此，企业对资金的需求和占用也随之大幅度地增加。主要表现在这样几个方面。

首先，逐渐增多的运输和销售环节占用了企业更多的资金。在实行外贸收购制的时候，企业生产的产品只要一到外贸仓库，就可以立刻收到货款。可是，实行了外贸出口代理制或自主经营后，企业的生产和销售过程被延伸到了国际市场，即使是一笔简单的交易，将货物从一国运到另一国可能占用的资金也会达到几个月，这就给出口企业的资金周转造成了更大的困难。

其次，产品库存和原来储备的增加对企业流动资金提出了更高的要求。在实行外贸收购制时，产品的库存主要是由外贸单位来负责的；生产企业改为自主经营后，为了更好地为客户服务，企业不仅要拥有一定的产品库存，还增加一些原料储备，这在某种程度上也增加了对企业流动资金的需求量。

2. 外贸企业的融资遇到困难

有些外贸企业没有能力直接进入正规的资本市场进行直接融资，财政性资金本来就不多，最后就基本上都流向了国有大型企业。

专门为中小外贸企业提供信用担保的含有财政拨款在内的担保体系才刚刚起步，即使中小外贸企业有了这种信贷政策的支持，但最终是否授信则还得依赖于商业银行。商业银行也一定得根据市场原则自主决策。

BU 信誉评级

BU 信誉评级是“BU 信誉评级认证体系”的简称，在信誉评级领域最为著名。BU 认证机构作为一个独立、公开、公正的第三方专业评估认证机构，由香港非牟利性组织 BESTUNIONS 创设。

BU 信誉评级的目的是促进人类可持续发展，核心是提高人类社会效用，它会全面、客观、动态地评估受评客体的当前状况和发展前景。BU 认证申请不收取费用，认证过程专业、严谨、规范，认证结果公开、公平、公正。

融资小知识

今天，在全部的信贷资产中，外贸企业所获得的比率还不到 30%，四大国有银行信贷总量的 80% 都流向了国有大中型企业，只有 20% 流向了占经济总量 70% 以上的中小企业。

今天，抵押担保依然是外贸企业融资的主要手段，并且中小外贸企业很难从金融机构获得一年期以上的中长期贷款。

二、外贸企业融资路径选择

在现有条件下，外贸企业融资难的问题要想得到根本缓解，就要不断进行技术创新，不断开发新的金融业务或产品，找到一种符合商业原则和市场体制；同时，这种方法必须是切实可行的。

从企业的角度来看，信用担保和其他政府扶持政策固然可以为企业发展过程中的资金问题提供一份绵薄之力，可是从长远来看，在外贸企业的发展过程中，市场竞争比政府扶持更为重要。

外贸企业不能完全依靠政府的扶持来解决其发展问题，要积极主动地开辟新的融资渠道。如何来实现这一点呢？

1. 不断提升自身的信用水平

信用是企业发展的生命线，外贸企业要想解决融资难的问题，必须充分认识到：信用和商誉是企业生存与发展的关键要素，要重视起来。

（1）外贸企业要不断提高其审计、会计、信息的披露制度和透明度，减少交易双方的信息不对称。比如：在会计资料处理方面，要严格按照会计准则和具体规则办事，保证会计资料的真实完整、准确无误；会计报表的编制要实事求是，严禁弄虚作假。在企业财务管理方面，要建立一套财务预算决策制度，按照国家统一的财务制度建立一套内部财务管理办法。

（2）不断建立和完善外贸企业资信数据库，构筑一个有效的信用、评价、发布系统，提高商业银行对外贸企业放贷的信心。要借鉴国际上成功的经验，引进和消化吸收国际企业信用评估的科学方法，规范发展企业信用评级机构。

2. 不断拓宽外贸企业的融资渠道

国际贸易融资是外贸企业一条重要的融资渠道。目前，我国常用的国际贸易融资依然主要以出口押汇、打包放款、进口开证等传统方式为主。可是，一方面，随着市场竞争的日趋激烈，很多进口商对于占用流动资金的传统结算方式已逐渐不愿意使用；另一方面，出口商面临着开拓市场的压力，不愿在结算中积压过多的资金和承担过多的风险。因此，在国际贸易结算中，各种传统的结算方式所占比例正在逐步下降，赊销和承兑交单方式则日益盛行。

今天，越来越多的出口企业开始关注如何用新的方式获得融资，为了扩大客户群和营业额，有些外贸企业还会向买家提供更长的赊销付款期。在这样的情况之下，一些新的出口融资和国际贸易结算方式自然得以推广和运用，比如：国际保理。

融资小警示

流动资金贷款，是为满足生产经营过程中的短期资金需求，可以保证生产经营活动的正常进行。其实，在绝大多数的情况下，企业本身并不需要流动资金贷款，主要根据企业贸易的情况来寻找适合企业的融资方式就可以了。传统的流动资金贷款看重的是抵押、担保，而新兴的贸易融资是依附于企业实际的贸易之上的，对于银行来说，风险相对较低，因此在要求上也会低些，这种方式对于银行和企业来说都是有好处的。

误区二
生产型企业融资的误区

什么是生产型企业？

从狭义上来讲，有实物产品产出的企业就是生产型企业；从广义上来讲，所有的社会组织将它的输入转化为输出的过程就是生产，也就是说只要有这个过程的企业就是生产型企业。

一、生产型中小企业在融资过程中遇到的难题

1. 银行贷款渠道信息不畅，贷款比重偏低

2009 年 11 月 14 日，国务院发展研究中心发布的调查报告显示，难从银行贷款的中型企业和小型企业分别占 63.4% 和 70.9%。从银行贷款的分布来看，中长期贷款占的比重高，绝大多数都是一些中长期的大中型建设项目，绝大部分资金都投向了“铁公鸡”——基础设施领域；而且，主要的投资对象是国有大中型企业，使得很多生产型企业很难获得贷款。

为什么会出现这种状况呢？原因就在于信息不对称。信息不对称，严重影响了金融机构和企业之间的关系。银行金融机构作为资金的提供者，绝大多数都不能亲自参加企业的日常经营管理；在信息方面，和银行比起来，生产型企业在资金的经营和管理方面拥有更多的信息，于是就出现了信息不对称，就引起了一系列的矛盾和问题。

比如：中小型的生产型企业歇业率和破产率高，信用和担保体系不健全，银行如果为其提供贷款服务存在很高的风险。因此，对于信用记录缺失、信息离散度高、透明度低、财务报表、银行资金账户不规范的生产型企业，银行一般都不太愿意为其提供服务。

2. 证券市场融资难

目前，我国资本市场还处在一种滞后状态，并且资本市场结构单一化，由于我国上市标准中对资本规模、赢利记录和融资额度等方面的限制，大量处于高速成长期的生产型企业排除在上市公司之

外，导致民间资本流动不畅、民间资本供求双方无法顺利结合，使得生产型企业的上市存在诸多问题。

股本融资

融资小知识

指公司以发行股票（普通股或优先股）的方式筹措资金。国际股本融资是指符合股票发行条件的公司依照规定的程序向境外投资者发行可流转股权证券的国际融资方式，本质上是股票发行人将公司的资产权益和未来的资产权益以标准化交易方式售卖于国际投资人的行为。

调查显示，截至2010年6月，我国沪深两市只有769家民营上市公司，而其中沪市民营上市公司241只，总市值为1.38万亿元，流通市值为1.14万亿元，占比分别约为31%、37%和49%。

同时，生产型企业自身在财务和管理上也存在不少问题，他们不愿意接受上市后对企业所有权和经营权的必要稀释和变动，某些企业也不愿接受召开股东大会、定期披露信息等方面的规章制度约束，因此我国生产型企业很难进入证券市场，更不能参与证券活动。

一直以来，我国生产型企业的融资渠道都比较单一。据统计，我国生产型融资总量中主要依靠商业银行贷款和民间借贷的中小企业占到了50%以上。由此可见，大多数生产型企业融资的时候首先选择的是银行贷款。在金融市场飞速发展的今天，很多崭新的、针对性更强的融资方式不断涌现出来，生产型企业要摆脱以往单纯依靠银行贷款融资的思想，根据自身企业的类型，选择更加适合自己的融资方式，通过新方式来获得企业发展资金。

二、生产性企业存在的融资误区

1. 生产型企业不能选择融资租赁

融资租赁，是指由出租人根据承租人的要求向供货方购买租赁物件，承租人通过分期付款支付租金，租赁结束后将所有权转移给承租人。当企业需要购买某设备时，可以由融资租赁公司先购买该设备，然后企业向融资租赁公司租用，企业只需按期支付约定租金和利息。

生产型企业融资的一个重要目的就是采购机器设备，但对于资金缺乏的企业来说，融资购买机器是一个双重难题。一方面，企业很难从银行顺利贷到所需款项；另一方面，购置机器的前期投入巨大，无疑就加剧了企业的经营风险，如果制造出来的产品销量不如预期的好，企业是很难获得利润的，甚至亏损。

因此，对于生产型企业来说，融资租赁无疑是一个福音，它可以切实解决这个双重难题。融资租赁不但可以降低生产型企业的融资难度，还可以减少融资成本。

融资小知识

融资专家——朱耿洲博士

中国资本策划研究院院长、中国策划学院副院长、美国国际职业认证协会大中华区会长。著名融资策划专家、资深金融律师、高级金融经济师。“中国中小企业融资实战策划第一人”，“2010 年中国培训行业杰出贡献奖”获得者。首届“中国十大优秀策划专家”。清华大学、香港大学、复旦大学等多所知名学府企业金融课程班、EMBA 班《融资策划》课程全国唯一主讲专家、客座教授。

2. 生产型企业不可以选择知识产权质押融资

和传统的以不动产作为抵押物向金融机构申请贷款的方式不同，知识产权质押融资是一种相对新型的融资方式，指的是企业或个人以合法拥有的专利权、商标权、著作权中的财产权经评估后作为质押物，向银行申请融资。

生产型企业中有相当一部分是科技型企业，企业虽然在自己的手里握有先进的技术，可是却没有资金，知识产权质押融资不仅可以帮助拥有自主知识产权的生产型企业解决资金紧张的问题，还能加速知识产权和专利权向市场转化，使企业尽快发展壮大。

当然，并不是所有的知识产权或专利都能够用于质押，需要符合以下条件：

——专利项目已经形成一定的产业化经营规模，具有无限发展的市场潜力和经济效益；

——拥有国家知识产权局授予的专利证书；

——发明专利有效期不少于10年，实用新型专利和外观设计专利的有效期不少于5年；

——授予专利权的专利项目现在已经处于实质性的实施阶段，并形成了一定的产业化经营规模，具有一定的市场潜力和良好的经济效益。因为，没有产业化的专利是很难将自己的价值显示出来的，自然银行也就没办法为其估算贷款额度了。

3. 生产型企业不能利用存货质押融资

所谓存货质押贷款，指的是借款人以银行能够接受的存货质押或与符合银行要求的仓储单位签订三方合作协议，仓储单位接受该银行委托对货物进行有效看管，办理的短期流动资金贷款业务，并将货物仓单交付该银行。这就是存货质押贷款。

存货质押融资是生产型企业以原材料、半成品和成品等存货作为质押向金融机构融资的业务。

和传统银行贷款集中在不动产抵押或者第三方担保公司担保不同，存货质押融资是利用企业与上下游真实的贸易行为中的动产为质押，从银行等金融机构获得贷款，因此，它能够帮助那些生产经营状况良好、存货占有或流转量较大、但非货物性的有效担保不足的生产型中小企业提供质押贷款，为他们解决短期的融资难问题。

有融资需求的生产型中小企业在原材料采购阶段、生产阶段和销售阶段，一般都持有一定量的存货，企业可以将这些存货盘活，通过质押获得融资。这笔款项可以直接投入生产运营，可以有效减少在途货物对资金的占用，进一步提高运营效率。

融资小警示

生产型企业融资的一个重要目的就是采购机器设备，但对于资金缺乏的企业来说，融资购买机器是一个双重难题。一方面，企业很难从银行顺利贷到所需款项；另一方面，购置机器的前期投入巨大，无疑就加剧了企业的经营风险，如果制造出来的产品销量不如预期的好，企业是很难获得利润的，甚至亏损。生产型企业要摆脱以往单纯依靠银行贷款融资的思想，根据自身企业的类型，选择更加适合自己的融资方式，通过新方式来获得企业发展资金。

误区三
城建企业融资的误区

今天，城市建设如火如荼地进行，伴随其中的就是各承建企业的融资。可是，在融资的过程中，很多企业也陷入了融资的误区。

目前，城市融资总体上存在这样几个观念误区。

一、不重视对城市长期发展融资路径的谋划

有些城市建设企业重视短期的谋划，忽视长期的规划，在城市开发融资上急功近利，过分重视短期融资的成绩，缺乏对城市总体开发融资的统筹与计划，轻视对城市长期发展融资路径的谋划。这样的理念是错误的。

二、项目谋划存在误区

有些企业城市融资往往按照部门职责划分为独立的项目，不能从区域整体的开发角度进行项目包装和谋划。同时，单独项目投资与土地收益分配主体不同，无法为项目建立“借用还”的循环体系。这样做，会束缚自己的手脚，对自身的发展是非常不利的。

三、对城投公司的作用认识存在误区

2010 年 6 月 13 日，我国发布了《国务院关于加强地方政府融资平台公司管理有关问题的通知》，要求地方各级政府要对融资平台公司债务进行一次全面清理，并按照分类管理、区别对待的原则，妥善处理债务偿还和在建项目后续融资问题。

可是，各界对城投公司都存在误解。有些人认为，城投公司的负债影响了城市的融资和建设，一旦城投公司负有债务，即使是开发建设经验和能力，也会被弃之不用，转为设置新平台。可是，新平台没有信用记录、没有经验，作用有限，只会给城市的融资带来困难。

……

项目包装融资

融资小知识

项目包装融资是指对要融资的项目，根据市场运行规律，经过周密的构思和策划进行包装和运作。它要求项目包装的创意性、独特性、包装性、科学性和可行性。项目离不开包装，要想取得良好的经济和社会效益，必须做好项目的包装。做好项目包装融资，一定要认识到对项目的包装是成功融资的关键，绝非可有可无。

在这一行业之所以会出现这样的误区，主要在于有些城市开发缺乏对科学发展观的真正认识、理解和践行。好的理念才会产生好的结果，因此相关企业一定要为自己设定一个长远的目标，对城市的整体开发融资做充分的计划，这样才有利于融资的顺利进行。

融资小警示

有些城市建设企业重视短期忽视长期，在城市开发融资上急功近利，过分重视短期融资的成绩，缺乏对城市总体开发融资的统筹与计划，轻视对城市长期发展融资路径的谋划。这样的理念是错误的。好的理念才会产生好的结果，因此相关企业一定要为自己设定一个长远的目标，对城市的整体开发融资做充分的计划，这样才有利于融资的顺利进行。

误区四
传统媒体融资的四大误区

所谓媒体，是指传播信息的媒介，通俗的说就是宣传的载体或平台。传统媒体在发展过程中也会涉及一些融资的问题，同时也会伴随一定的错误认识，比如：

一、盲目投资，忽略机会成本

机会成本不同于通常意义上的“成本”，它不是一种支出或费用，而是指失去的收益。这种收益并不是实际发生的，而是潜在的。

在投资方案的选择中，如果选择一种投资方案，必然就要放弃投资于其他领域的机会，而其他投资机会可能取得的收益是实行本方案的一种代价，它被称为这项投资方案的机会成本。

可是，现代媒介的资本投资存在一定的盲目性，在选择投资方案的时候，往往会忽视了对其机会成本的考虑，很难割舍已有的经济项目，只是一相情愿地想为这个项目寻找资金。虽然这样做可能会给你带来一定的收益，可是由于忽略了与其机会成本的比较，会让自己丧失掉选择最佳投资方案的机会。

因此，在投资项目的选择上，传媒企业要尽可能在事先进行全面的项目预算和项目评估，对于多种可供选择的投资方案应进行可行性分析；同时，还要预先对各投资项目的回收期、净现值、投资收益率和获利能力等进行估算并比较，从而选择出效益最优的经营项目。

二、融资渠道窄，效益低

今天，我国传媒产业虽然已经基本上实现了财政的“断奶”，走向了市场，但是许多媒体在很大程度上还要依靠政策性融资，融资渠道相对较窄，效率低下，且经营收入主要来自广告。

可行性分析

融资小知识

是指通过对项目的主要内容和配套条件，比如：市场需求、资源供应、建设规模、工艺路线、设备选型、环境影响、资金筹措、赢利能力等，从技术、经济、工程等方面进行调查研究和分析比较，并对项目建成以后可能取得的财务、经济效益和社会环境影响进行预测，从而提出该项目是否值得投资和如何进行建设的咨询意见，为项目决策提供依据的一种综合性的系统分析方法。可行性分析应具有预见性、公正性、可靠性、科学性的特点。

这样有限的资金来源和收入，大大压缩了媒介的发展空间，使其缺乏战略性发展后劲，丧失了许多做大做强的良机，难以提高经济效益与社会效益，这也是我国媒介市场不活跃、迟迟未能出现国际水准的媒介巨子的主要原因之一。

随着媒介市场化的进一步推进，媒体的竞争归根结底是实力的竞争，谁的经济实力雄厚，谁的投入大，谁就可能赢得市场。因此，在市场竞争日趋激烈的今天，媒体企业应意识到融资渠道过窄的严重弊端，要逐渐擦亮眼睛，寻找新的融资方式，走出新型资本运营之路。

目前，我国省级以上的媒体已经成功实现了财政“断奶”，自身实力不断发展壮大，并在资本市场上崭露头角，迸发出了巨大的生机与活力。相反，一些地市级媒体依然停留在“吃皇粮”的状态，如果不及时开辟新的融资渠道，就会在日趋激烈的市场竞争中处于劣势，形成富者更富、穷者更穷的“马太效应”（注：“马太效应”

指的是，好的越好，坏的越坏；多的越多，少的越少。这种现象广泛应用于社会心理学、教育、金融，以及科学等众多领域）。

三、资市结构对企业没有影响

所谓资本结构，指的是企业各种长期资金筹集来源的构成和比例关系。在通常情况下，资本结构由长期债务资本和权益资本构成，即：所有者权益与负债的比例关系。

对于企业来说，资本结构会对其报酬率和风险造成一定的影响。一般情况下，企业借债的利息率低于其投资的预期回报率，可以通过借债取得短期资金，提高公司的预期收益，但同时也会扩大预期收益的风险。因为一旦情况发生变化，实际的报酬率就会低于利率，负债不但没有提高收益，反而会让总收益减少，媒介企业甚至可能因按期支付本息而破产。因此，资本结构不当是影响公司正常运转乃至破产的一个重要原因。

在媒介企业经营的实践中，往往存在两种极端：一个是资产负债率过高，即“冒险型”负债；一个是资产负债率过低，即“保守型”负债。从经营者的立场来看，资产负债率过高，举债很大，超出债权人心理承受程度，是不保险的，会直接导致企业无法融资，即使通过负债获取资金，风险也会增大很多。

从财务管理的角度来看，企业要审时度势，全面考虑，一方面要充分利用资产负债率制定借入资本决策，另一方面还要充分估计预期的利润和增加的风险，在二者之间权衡利害得失，合理安排资本结构，作出正确的决策。

四、经营管理理念很正确

这里的“经营管理”，既包括相关职能部门对新闻单位的管理、限制与控制，也包括传媒企业内部的经营管理。一个地区的媒介产业发展状况如何，很大程度上取决于该地区职能部门对新闻传播事业实行怎样的管理体制与管理模式。

从历史和现实看，世界各国对新闻传播事业的管理不外乎有两种模式：一种是以控制为本位进行管理，主要采用行政手段，以约束为主；一种是以自律为主。我国现行管理制度是延续了几十年的以控制为本位的管理模式。

但是，随着改革开放的深化、知识经济时代和网络时代的到来，传统的常规性的控制本位管理模式已经不能适应传媒产业的未来发展了，因此，对媒介的管理方式和手段要运用法律手段与自律手段加强管理，规范管理，适律适度，管好管活，使媒介拥有一个较为宽松的政治法律环境。

从媒介内部来看，传统的行政管理模式同样不适于优化新闻媒介的生存环境和自身的内部机制。因此，媒介企业自身必须进行内部管理改革，一定要建立一套现代企业制度，逐步走上“自主经营、自负盈亏、自我积累、自我发展”的企业化道路。

借鉴其他行业与企业内部管理改革的成功经验，传媒产业可以自身的具体特点，建立起自身的资金管理体系、质量管理体系、人事管理体系、市场营销体系，实行可升可降可转的层层聘任制、可进可出可待岗的聘用制；实行目标管理制、岗位责任制、采编工作量制、按效率和效益的工资奖金分配制等，只有这样，才能建立起适应市场经济需要的竞争机制与激励机制。反之，如果维持陈旧的经营管理理念，传媒企业是很难适应全新的市场竞争环境的。

融资小警示

现代媒介的资本投资存在一定的盲目性，在选择投资方案的时候，往往会忽视了对其机会成本的考虑，很难割舍已有的经济项目，只是一相情愿地想为这个项目寻找资金。虽然这样做可能会给你带来一定的收益，可是由于忽略了与其机会成本的比较，会让自己丧失掉选择最佳投资方案的机会。因此，融资之前，传媒企业应尽可能在事先进行全面的项目预算和项目评估，对于多种可供选择的投资方案应进行可行性分析，从而选择最理想的投资者。

误区五
行业企业寻求风投的误区

近几年，在基于无担保、投资周期长等情势下，许多行业企业也意识到了融资的重要性，开始进军资本市场行列。但是很多企业家对风险投资的基金运作缺乏一定的了解，在风险投资上存在很大的误区，这些误区主要有：

一、前景好，来投资的人就很多

有的企业生产出了高质量的产品、快捷的渠道、高效的营销、还有一大批忠实客户，可能在行业内处于龙头地位很多年，可谓势力庞大。这些企业对融资也是十分重视，积累了很多融资经验，还接触过不少风投机构，可是大部分都不成功。

其实，这不是风投机构眼光短浅，企业在寻求融资时也要反省自身的前景、团队、商业模式等是不是达到了风投机构的要求，是不是忽略了什么关键因素。比如，有的基金本身投资期只有 4～5 年，如果要过了 5 年才能退出挣钱，那么即使企业前景一片大好，投资家也不太会介入。所以，企业在风投前要了解风投基金的规律，以免做无用功。

二、风投机构不关注传统行业

一些行业企业对风险投资的理解存在很大误解，认为风险投资就是把资金投向高风险高回报的高科技领域项目。但是，风投机构也是公司，也得赚钱，他们也要考虑经济效益的最大化。所以说风投机构也怕风险。

上市

首次公开募股指企业通过证券交易所首次公开向投资者增发股票，募集用于企业发展资金的过程。当大量投资者认购新股时，需要以抽签形式分配股票，又称为抽新股，认购的投资者期望可以用高于认购价的价格售出。公司常常会通过认股权或股本性质的得利来吸引高质量的员工。这些安排往往会使员工对企业有一种主人翁的责任感，因为他们能够从公司的发展中得利。上市公司股票对于员工有更大的吸引力。

融资小知识

现在的风投机构已经不再只瞄准高新技术领域，而是往更多领域拓展。对于技术含量不高但有很好前景的企业也会给予投资，传统行业一样可以得到风投的支持。

三、找风投就要"遍地撒网"

很多不了解风投常识的企业都会犯个错误，就是"遍地撒网"，盲目投资。风投机构的专业性很强，他们只对几个相关行业进行投资，这在机构初期建设时就已经定好了。

有的行业企业没意识到这点，有的企业制作的计划书都不够专业，有的分辨不出自己是种子期还是成长期，这样去找风投机构当然不会成功。

总之，"追求"风投之前，企业应尽可能多学一些相关知识，了解风投的实际运作。因为只有将有限的精力用在刀刃上，才能增加引进风投的可能性。

融资小警示

企业在寻求融资时，要进行自我反省，看看自身的前景、团队、商业模式等是不是达到了风投机构的要求，是不是忽略了什么关键因素。比如，有的基金本身投资期只有4~5年，如果要过了5年才能退出挣钱，那么即使企业前景一片大好，投资家也不太会介入。所以，企业在风投前要了解风投基金的规律，以免做无用功。

附　件

其他融资误区

创业融资误区

在初次创业的道路上，创业者不仅要面临社会经验、管理能力等方面的不足，在创业融资方面常常走入误区，最终使自己的努力功败垂成。

一、创业时一般会陷入的融资误区

1. 贱卖技术和创意

有些新成立的企业急于得到企业启动或周转资金，只要投资者给一些小钱，就会将企业的大部分礼让出去，不是贱卖技术，就是舍弃创意。这样做，对自己未来的发展是非常不利的！

事实证明，在公司运营一段时间后，很多核心技术拥有者就会对当初的投资协议深感不满，有些人甚至会提出毁约，这样做的后果只能让自己在资本市场上臭名昭著。

初创企业，一般都不会出现什么好的业绩，因此大家一般都不会太在意个人股份的多少。可是一旦企业发展壮大了，股份值钱了，每一个人都会很在意。如果前期股份设置不合理，就会给后期关系的处理埋下隐患。这样的案例有很多，比如：原爱多老总胡志标入狱事件、娃哈哈与达能纠纷事件，归根结底就在于前期股份分配不合理。

谨记：前期股份分配不合理是一个定时炸弹，公司发展越迅猛炸弹的杀伤力会越大。

2. 即使投资人不能为其提供增值性服务和指导，依然和他捆绑在一起

有些创业者，即使投资人不能给他提供指导，他也会和其捆绑在一起，这样做是不对的。投资绝不仅仅是钱，还包括人脉、管理、经验等方面的投资。除此之外，还有最重要的一点，就是理念双方一定要一致。

创业初期，如果苦于没钱，而病急乱投医，找一个对自己行业一点都不了解的，在项目进行的过程中就会出现问题，严重者会直接导致项目的流产。

3. 不负责任地使用风险投资，烧别人的钱圆自己的梦

有些人融到资金之后，在钱的使用上不负责任，认为反正是别人的钱，不用白不用；即使赔了也无妨！不可否认，用自己的钱和用别人的钱来做事情，心态完全是不一样的。

有些人喜欢拿别人的钱来做实验，好像是自己拣了一个大便宜似的。其实，这样做会让自己遭受更大的损失。

拥有这种心态的创业者，会像赌徒一样草率地作各种决策。一旦用赌的心态来做事，事业是很难获得成功的。虽然没有损失自己的钱，但是损失了自己的时间，损失了自己在投资圈中的口碑，严重者还会滋长自己不务实浮于表面的恶习。

每一轮融资中的投资者都将影响后续融资的可行性和价值评估。因此，对于尚处早期的创业公司来说，要引入一些真正有实力、能提供增值性服务、与创业者理念统一的投资者，即使这样的决定会让你丢掉一些眼前的利益。

4. 自我陶醉，自吹自擂

很多创业者在向投资者介绍项目时，会把自己的项目说成“天下第一”“没有风险”“肯定赚钱”，甚至很快就能收回投资，只要投了就有高额回报。这样做，更容易让投资者对创业者的诚信产生怀疑，觉得创业者不能以一种客观的态度评价和对待自己项目的市场情况，“虚”的成分多。因此，在和投资者交流的时候最好实事求是，既不夸大，也不自卑。

5. 企业管理无关紧要，只要能融到钱就行

很多创业企业，拥有很好市场前景的项目，但在管理上一塌糊涂，往往认为企业未来的发展主要在于资金，对管理不重视，这样也容易使投资者失去投资信心。一个企业如果连基本的管理体系都没有，谈何发展？企业不能发展，谈何赢利？没有利润，自然就得不到投资者的青睐。

产权

融资小知识

经济所有制关系的法律表现形式，主要包括：财产的所有权、占有权、支配权、使用权、收益权和处置权。在市场经济条件下，产权的属性主要表现在三个方面：产权具有经济实体性、产权具有可分离性、产权流动具有独立性。产权的功能包括：激励功能、约束功能、资源配置功能、协调功能。以法权形式体现所有制关系的科学合理的产权制度，可以巩固和规范商品经济中财产关系，约束人的经济行为，维护商品经济秩序，保证商品经济顺利运行。

6. 急于求成，欲速则不达

很多创业者在与投资者接触过程中，急于求成。虽然前期进展还比较顺利，但在关键时刻即双方确定利益分成时，只注重自己的利益，不遵守游戏规则，得寸进尺，步步紧逼，甚至不惜要些小聪明来达到目的。这样做，很容易将投资者吓跑，欲速则不达！

还有一些创业者，融资时把可行性分析报告写成了项目建议书，虽然提供了很多的资料，但大多数却是对投资商的要求和条件，而不是投资商所期待的对项目技术含量、风险程度、市场情况、发展前景、预期回报、创业团队等，这些才是投资者最为关心问题。如果不对这些问题进行深入细致的研究分析，也是不容易得到投资者青睐的。

7. 缺乏资金，选择了一些急功近利的风险资金

创业、融资，选择风险投资和投资人的确是要慎重考虑的。如果选择了一些急功近利的、以“套现”为终极目标的风险资金，对企业的成长壮大有百害而无一利。而且，投资、融资本来就是一个双向选择的过程，创业者也绝不能因为财务上暂时的紧张而无形之中让自己处于一个弱者的地位。

这种类型的投资者往往带有很强的功利心，甚至有“赚一把就跑”的心理，这样就会对初创企业的发展带来很大的制约和风险。无论如何，尽管投资者都有追逐利润的本能，我们还是要尽可能挑选那些真正把创业投资当做事业来做的人。

选择正确的投资者，也是一门很大的学问，对方是看重企业成长的战略投资者，还是看重短期回报的战术投资者，中间有很大的区别，对创业者的要求和压力都是不一样的。创业者的前途，企业家的命运，永远掌握在自己的手中，而不是“资本家”的口袋中。

如果错选了一个唯利是图的“资本家”，就有可能毁掉一个优秀的企业。

8. 创始人股权分配平均，股权过于分散

很多创业者认为，几个创始人平均分配股权可以让大家共同奋斗，不会产生利益方面的争论。其实不然，创业公司一个最大的优势就在于高效的执行力和灵活性，创始人在这个过程中往往处于一个中心位置。回望所有成功的企业，我们会发现它们几乎都有一个非常特别的创始人，微软、苹果、Amazon 等无不如此。

早期阶段，他们就代表着公司，是他们在驱动着公司不断向前发展。而这种驱动力不仅来自于自身的责任，更来自于“一切我说了算”的决策权。如果几个创始人股权平均太过分散，那么势必影响其决策效率。

9. 关注钱而忽视了资金背后的投资人

谈到融资，当然需要关注钱。但是，创业者与投资人的联结就像婚姻，与不适合的投资人联姻，很可能会毁掉创业项目。因此，关注资金背后的投资人，关注他们的行业背景、他们所拥有的资源以及他们投资的项目，看看是否能给自己带来真正价值。

投资人看一个项目，往往需要对这个项目及其团队骨干做一个非常详细的尽职调查；同样，作为创业者，在寻找投资时，也需要对资金背后的投资人做个类似的尽职调查。

10. 兼职创业希望融到钱后再全职

创业不仅是一项全职工作，更是一项事业。兼职创业说明对自己的项目没有信心或者对自己没有信心，因为你把它放在了第二的后备位置。同时，兼职创业会导致不能专注，无法深入。投资人不是傻瓜，如果连自己都对自己（项目）没有信心，他们又怎会投资！

11. 团队没有磨合就融资

投资人看一个项目，往往需要对项目和团队进行全面的尽职调查。很多投资人甚至只看团队，团队靠谱，选择的项目也不会太差。因此在打算融资前，先把团队磨合好是必要的前提。

12. 没有测算自己的成本就开始融资

对于创业者来说是融资，但是对于投资人来说就是投资。投资讲求投资回报率，因此了解所投资项目的成本至关重要。同时，对自己项目成本的详细测算，不仅是自身内部管理的必需，更是融资的依据。

13. 同时向所有认识的投资人融资

有些创业者认为，广撒网能多捕鱼。可是事实上，广撒网意味着对自己的真实需求不清晰，对投资人的需要不了解。没有目的、没有方向的船无论运行多快，别人永远不知其将抵达何方。因此，寻找自己合适的投资人才是真正的王道。

14. 外部股东控股

投资人只会投符合自己投资回报率的项目，如果外部股东控股了一个项目，那么这个项目的前景无疑会大打折扣。投资人会想，项目是按照创始团队的方向前进还是会向控股股东的方向前进？

15. 盲目乐观估值过高

作为寻找投资的创业团队来说，能获得一个较高的估值不仅是对自己价值的一种肯定，更是其前进的驱动力之一。但是对于一个还没有产生收入的早期创业项目来说，其估值往往取决于发展到下一阶段的成本。创业公司最后的价值则更多体现在被收购或者上市阶段。

对于创业者来讲，融资的过程其实就是推销你的公司、推销你的产品和你的梦想的过程。成功的创业者之所以会成功，一个重要的原因就是他懂得怎样向经验最丰富的投资商推销他的第一商品——初创的企业，从而获得资金的支持。一般来说，风险投资公司一年要听数百位企业家阐述他们的创业计划，可最后投资的企业不足约见的1%。因此，做好准备，把握机会、主动争取相当重要。

作为公司的血脉，钱必不可少，因此融资问题对创业者来说显得尤为重要。要想凭借自己的技术或创意获得应有回报，必须解决好融资问题。

二、创业者在融资过程中需要做好的工作

1. 不要低估自己

在制订融资方案之前，要对自己的有形和无形资产的价值进行准确评估，千万不要妄自菲薄，低估了自己的价值。如果你的项目（包括你的团队）确实是一座金矿，即使只放出1%的股权也会很多人追着你投；如果你的企业是一个垃圾堆，即使你放弃你99%的股权也不会有人投。

2. 融资过程中要做好融资方案的选择

尽管国内的融资渠道还不是很健全，但有很多方式供我们选择。

一般来说，可选择的融资方案主要有这样几种：合资、合作、外资企业融资渠道、银行及金融机构贷款、政府贷款、风险投资、发行债券、发行股票、转让经营权、BOT融资等。

在融资过程中要选择一个适合本企业的融资方案，通过多渠道的比较与选择不仅有利于降低融资成本，还可以迅速提高效率。

通过上面的这些途径发展资金，可以分为两类：资本金和债务资金。债务资金，比如：银行贷款等，不仅不会稀释创业者股权，

还可以有效分担创业者的投资风险，推荐优先使用。记住，一个对自己项目有信心的人是不会轻易出让自己的股份的。

3. 做好投资人的选择

如果采用出让股权的方式进行融资，必须选择一个适合自己的投资人。事实证明，只有同自己的经营理念相近，其业务或能力能够为投资项目提供渠道或指导的投资才能有效支撑企业的成长。

融资小知识

抵押

指提供私人资产（不论是否为不动产）作为债务担保的动作，多发生于购买房地产时银行借出的抵押贷款或在典当商折现非不动产的物品。一般，借款可以分为“有抵押借贷”和“无抵押借贷”两种，而抵押属于前者。抵押金额的确定可以基于市值水平，也可以基于信用评级，市值或信用评级变化会让所需抵押发生变化。

今天，很多创业者都觉得找融资对象挺难的。一旦找到一个，就像发现了救命稻草一样，根本不会和对方讨价还价，这样的融资肯定会给后续工作带来麻烦。之所以会出现这种问题，主要原因就在于信息不对称，创业者一定要加强对融资市场的信息收集与整理，在掌握大量的情报资料的前提下做出最优的选择。

4. 创业不仅是实现理想的过程，更是使投资者的投资保值增值的过程

创业者和投资者是一个事物的两个方面，大家只有通过企业这个载体才能达到双赢的目标。“烧投资者的钱圆自己的梦”的问题说到底是企业家的信用问题，怀抱这种思想的人不会成为一个成功的创业者，能为股东创造价值的企业家才能得到更多的融资机会和成长机会。因此，创业者不仅要加强自身的技术能力，还需要具备企业家的道德风范。

金钱不是万能的，没有金钱是万万不能的，创业者只有解决好了融资问题，才能将自己的技术和创意转化为赢利的工具，才能在激烈的市场竞争中立于不败之地；拓宽融资渠道、对投资人负责才能使自己的企业茁壮成长。

5. 绝对控股

作为创业者，在中小企业融资时一定要把握住企业的控股权，而且在开始时最好是绝对控股，而不是相对控股。做不到这一点，宁可放弃这次融资，或者以一个比较好的价钱将现有企业全部转让，自己重敲锣鼓另开张，再找一个事业做。这是一个原则性的问题，已为众多创业者的血泪经验所证明。

6. 分段融资

有些创业者会采用分段的方式进行企业融资，将股权逐步摊薄。这样做，一来企业融资额比较小，比较容易成功；二来可以确保你对企业的控制权，而且在每一次企业融资的过程中，都可以实现一次股权的溢价和升值。当然，这样做的前提条件是，你所经营的项目是真的好，你对自己的企业真的有信心。

初创企业融资是一项专业性很强的活动。创业者除了专注于自己的好项目，还要学会对投资者讲“故事”，要有扎实的数据，要用理性的陈述去打动对方。

吸纳风险投资企业应避免哪些误区

企业获取风险投资中有哪些常见的盲点？企业又该如何加以避免呢？

一、不要夸大利润前景

有家医药企业开发了一种具有缓解关节疼痛的自助式的仪器，按照预期，他们把该仪器定价为680元。后来他们才发现，市面上已经有同类产品，虽然效果略为逊色，但定价只有400多元。

在进行融资答辩时，这家企业把市场前景描绘得“一片光明”。当投资方问起有何潜在的市场风险时，他们却避而不谈自家产品对与同类产品相比定价过高的缺点。

投资方在调查后认为利润空间没预期那么高，便放弃了投资计划。

融资方要对投资方坦诚相待，在信息上要完全透明，特别是在进行答辩的过程中，一定不要夸海口，或将可能存在的风险隐瞒，要坦诚地说出可能存在的风险，并自信地说出预备的解决方案。

风险投资不可能没有风险，投资者关心的就是融资方是否已经想好了解决方案。如果融资方明知有风险而避而不谈，还可能被投资方认为自己人品有问题，这一点恰恰就是投资方最担心的。

二、融资未到不要先花钱

最近，刘亮烦透了，为什么？在上个月，他与一家创投企业谈妥了一笔500万元的融资，约定资金本月到账。刘亮吸引投资主要是为了扩大生产，所以在签订协议后，就把原来计划购买原料的资金购买了设备，准备等风险资金到账后，再一次性采购原料。可是，到了约定的期限，资金却没有到账，一打听，投资人又看好了另一项投资项目，不打算再投了。

公募发行

融资小知识

指单位或者个人未依照法定的程序经有关部门批准，以发行股票、债券、彩票、投资基金证券或者其他债权凭证的方式向社会公众筹集资金，并承诺在一定期限内以货币、实物及其他利益等方式向出资人还本付息给予回报的行为。非法集资往往表现出下列特点：一是未经有关部门依法批准，包括：没有批准权限的部门批准的集资；有审批权限的部门超越权限批准集资。二是承诺在一定期限内给出资人还本付息。三是向社会不特定的对象筹集资金。四是以合法形式掩盖其非法集资的实质。

融资人一定要切记，资金没有到位之前，一切都是不确定的。所以，工作还是要按照原来的目标，按部就班地走下去，千万不要陷入刘亮这样“等米下锅”的被动局面。

其实，投融资的过程就像是“男婚女嫁”的过程，一定要“情投意合”，不能有半点勉强。一旦出现这种情况，融资方最好不要去诉讼，也不要指望诉讼后的强制执行。很多类似的案例表明，按照合同的约定，让投资方作出一定的赔偿才是有意义的做法。

三、失去“自由”不要苦恼

最近，董建国感到很烦，因为前段时间他获得了一笔风险投资，本以为从此以后，企业就可以高枕无忧了。可是，融资后的问题却接踵而至，大到公司是否履行创业计划、内部管理制度，小到员工发放工资奖金、购买设备都要经投资方派来的“管家”审批，失去了“自由”的董建国为此苦恼不已。

这种情况下，对于企业来说，只有适应被监督。投资方投入了资金，他们必然要对这笔资金负责，他们之所以会对企业的收支进行把关，也是为了让企业经营保持良性循环。一旦市场产生了变化，他们也会来帮助企业修正计划并把握目标。企业要适应“被管理”，要多理解风险投资。

四、投资中止后心态平和

最近，孙祥生获得了一笔 200 万元的融资，但这些钱分 3 次才能拿到：企业登记注册以后，可以获得第一笔；在半年后销售完成 50 万元，可以拿到第二笔；最后一笔则是 1 年后，销售实现 100 万元时才能拿到。

注册成功，孙祥生顺利获得 50 万元。可是，在接下来的半年中，他的销售并没有预期那么好，只有 30 万元左右。在这种情况下，投资方停止了投资，孙祥生一下子感到束手无策。

其实孙祥生碰到的这种情况非常普遍，很多投资公司为了规避风险，都对融资者有所“锁定”。对于融资者来说，最好的办法就是努力达到自己的目标。因此，融资者在获得投资之前，一定要做充分调查，对产品的市场前景有准确的预期，以免徒劳无获。

参考文献

［1］马瑞清，等．企业融资与投资［M］．北京：中国金融出版社，2011.

［2］王铁军．我国中小企业融资 28 种模式［M］．北京：中国金融出版社，2004.

［3］严行方．小微企业融资一本通［M］．北京：中国纺织出版社，2012.